D1858650

Burglind Niermann

Deco Art

Die Kunst, Geschenke zu verpacken

FALKEN

INHALT

DecoArt

Deco Art ist ein neuer Begriff, der die Kunst des Verschönerns beschreiben soll. Lange habe ich nach einem Begriff gesucht, habe asiatische und angloamerikanische Ansätze verfolgt, natürlich auch in Europa recherchiert, ...nichts. Nirgends konnte ich eine „historische Entstehung der Kunst des Verschönerns" mit Dekorationsartikeln aller Art entdecken und damit auch keiner noch so exotischen Nation eventuell diese Entwicklung zuschreiben. Deco Art ist plötzlich da.

Die Kunst des Geschenkeverpackens ist nur ein Element des Begriffs Deco Art: Die Kunst der Tischdekoration und die Kunst der Objektdekoration gehören ebenso dazu wie die Kunst der Raumdekoration.

Geschenke, gleich ob zum Geburtstag, zur Hochzeit, zu Weihnachten oder zu einem Besuch mitgebracht, werden nicht mehr einfach nur verpackt.

Immer mehr wird der Demonstration von Luxus durch kreative Verpackung der entsprechende Nachdruck verliehen. Die Verpackungen zeugen nicht selten von hoher künstlerischer Fähigkeit des Schenkenden oder den Fähigkeiten eines professionellen Verpackungskünstlers.

Die Verpackung oder besser, die Gestaltung der Geschenkverpackung wird mehr und mehr in die Nähe eigenständiger künstlerischer Gebilde gerückt und läßt jedem freien Lauf in der Umsetzung seiner Träume aus Papier, Bändern und Dekorationsmaterialien.

Deco Art will ich diese Kunst des Verschönerns bezeichnen und somit einen eigenständigen Begriff – eine Kunst – kreieren, die nach meiner Kenntnis in der in diesem Buch vorliegenden Darstellung ein wohl unübertroffenes Niveau hat.

Von meinen oft staunenden und begeisterten Kunden inspiriert, kam mir die Idee, mein Wissen und meine Dekorationsvorschläge in diesem Buch zusammenzustellen. Es ist geschrieben für alle, die gerne kleine oder große Dinge in hübschen, selbstgefertigten Verpackungen verschenken.

MATERIAL

Das Material, das man zur Verwandlung auch einfacher Mitbringsel in mehr oder weniger große Kunstwerke verwenden kann, ist ebenso vielfältig, wie die Phantasie des Verpackungskünstlers.
Geschenkpapiere aller Art – kunstvoll bedruckt oder einfarbig irisierend, handgeschöpft oder in Metallicfarben – wetteifern mit den Farben, dem Material und der Breite wunderschöner Bänder.

Während es Geschenkpapiere nahezu ausschließlich gerollt oder als Bogen zu kaufen gibt, werden Bänder außer in den oft üblichen Knäueln oder Strängchen zunehmend als Meterware angeboten. Das lohnt sich vor allem für den, der mehrmals im Jahr zu verschiedenen Anlässen Geschenke verpackt, ebenso wie für den Verpackungsprofi, der für die kunstvolle Geschenkgestaltung nicht an Bändern sparen will.
Das unverwechselbare Gesicht bekommt die Geschenkverpackung durch Verwendung der unterschiedlichsten Accessoires. Vom Glimmer über Blumendraht bis zu gestanzten Jahreszahlen, Federn und Tüll kann vieles an Material verwendet werden.

Papier

Im wesentlichen unterscheidet man folgende für Geschenkverpackungen geeignete Papiere:

- einfaches bedrucktes Geschenkpapier
- Polypapier
- Seidenpapier
- Packpapier
- handgeschöpftes Papier
- Lack- und Metallicpapier

Während sich einfaches, bedrucktes Geschenkpapier vielseitig einsetzen läßt, eignen sich Packpapier und handgeschöpftes Papier besonders für Faltungen und Verformungen.

Polypapier läßt sich sehr gut und einfach der Länge nach spalten, es reißt seitlich nicht ein und ist wasserfest. Polypapier ist sehr geeignet für eine zarte Ummantelung von Objekten. Seidenpapier wiederum läßt sich besonders gut knautschen.

Lack- und Metallicpapiere sind meist widerborstig in der Verarbeitung, geben aber wunderschöne Effekte durch Lichtreflektionen.

Bänder

Bei den Bändern kennt man verschiedene Arten, die sich durch Materialien und Eigenschaften unterscheiden.

- Tüll und Spitzen sind aus Nylon, gehäkelter Tüll besteht aus irisierendem und buntem Lurex. Diese Bänder ringeln sich von selbst und fallen besonders locker.
- Seiden-, Schmuck- und Motivbänder sind überwiegend aus Kunstseide mit eingewebten oder bedruckten Effektfäden. Diese sind geeignet für alle Schleifenarten.
- Polybänder bestehen aus Polypropylen. Sie lassen sich leicht spalten, stark ringeln, sind wasser- und reißfest.
- Metallicfolie ist ein sehr starres Material und eignet sich daher besonders für Schleifen.
- Flower-Hair hat eher dekorative Eigenschaften und ist daher weniger zum Binden geeignet.

Einkaufstips

Geschenke so zu verpacken, wie ich es in diesem Buch vorschlage, bedingt den gezielten Einkauf der richtigen Markenprodukte. Diese muß man sich jedoch oft bei den unterschiedlichsten Facheinzelhändlern, wie Papierwaren-, Bastelwaren- oder Dekorationsartikelgeschäften sehr mühsam zusammenkaufen. Meine Bezugsquellentips enthalten deswegen wichtige Hinweise für Ihren Einkauf. Wenn Sie trotzdem nicht weiterkommen, richten Sie Ihre Anfrage einfach an die Firma Aurnhammer & Benedict („Pfau"-Bänder und Geschenkpapiere), die uns bei der Erstellung des Buches tatkräftig unterstützt hat.

Auch Ihre Anregungen werden dort gerne aufgenommen.

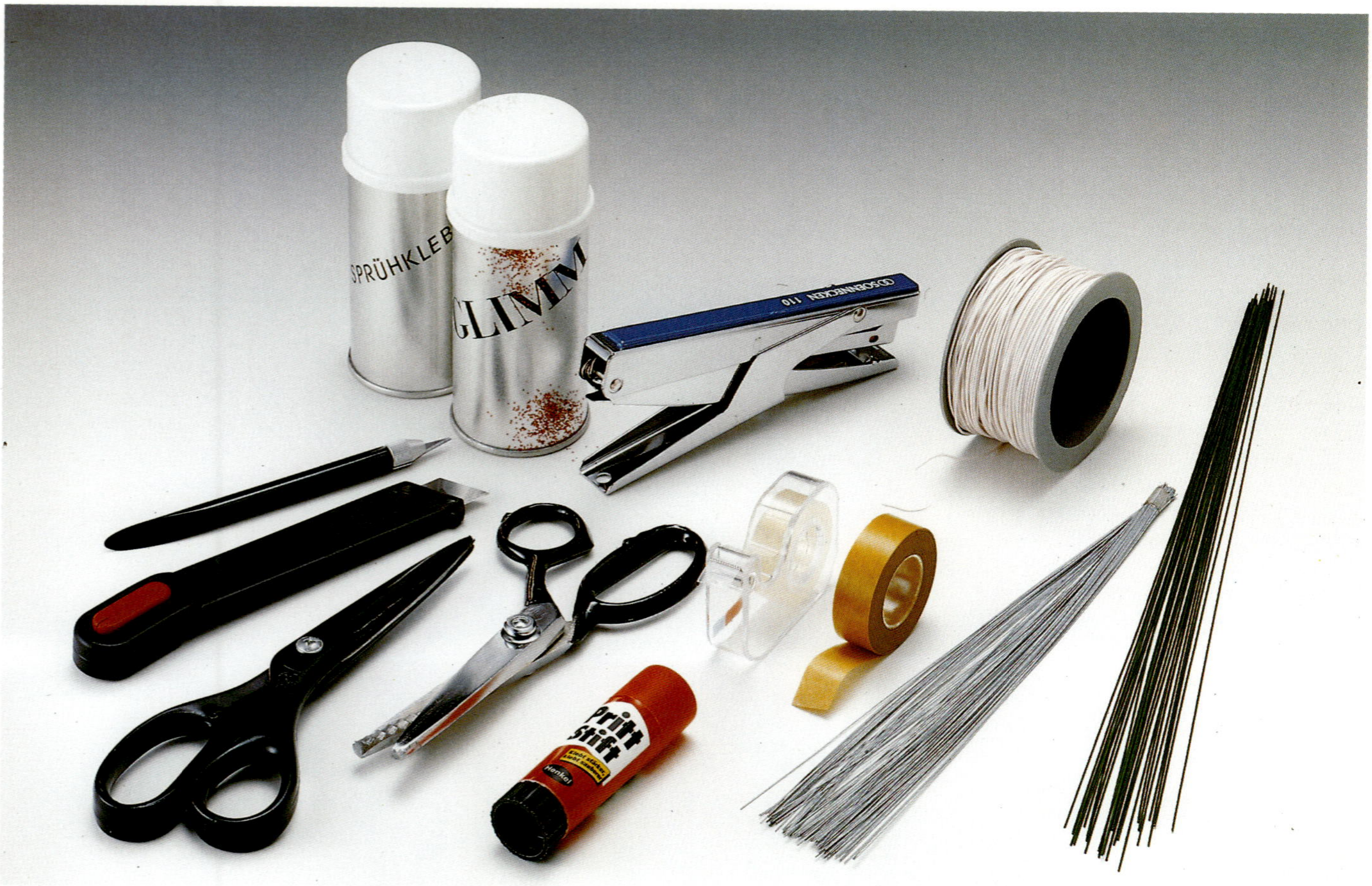

WERKZEUG

• Geschenkpapier muß in der Regel auf das erforderliche Format zugeschnitten werden. Am besten nimmt man, um exakte Kanten zu bekommen, ein scharfes Messer ohne Wellenschliff. Da das phantasievolle Geschenk nicht an der Exaktheit der Papierkante gemessen wird, reicht meist auch eine große Papier- oder Allzweckschere.

Für besondere Effekte und Abschlüsse eignet sich eine Zickzack- oder Schneiderschere.

• Für saubere Verschlüsse empfiehlt sich beidseitig klebendes Fotoband. Nicht verwechseln mit dem doppelseitigen Klebeband, dessen Deckblatt vor der Verarbeitung mühsam abgezogen werden muß. Saubere Verschlüsse sind mit Fotoband kinderleicht. Zusätzlich sollte transparentes Klebeband bereitliegen.

• Mit Sprühkleber befestigt man Glitter, Glimmer, Federn und andere Accessoires, die dem bereits verpackten Geschenk den letzten raffinierten Schliff geben. Man muß darauf achten, daß er schnelltrocknend, nicht giftig und auch unbrennbar ist.

Aber Vorsicht: Manche Sprühkleber hinterlassen einen gelben Film oder häßliche Spuren. Daher zuerst auf einem Papierrest die Wirkung des Klebers ausprobieren. Warten Sie nach dem Sprühen einige Minuten, denn oft ist die „schädliche" Wirkung nicht sofort zu erkennen.

• Eine schmale Heftmaschine (Tacker) sollte bereitstehen, mit der man die verschiedensten Schleifen zusammenhalten und Dekorationsartikel befestigen kann.

• Blumendraht ist zum Befestigen und zur Verbesserung der Statik von Schleifen sehr hilfreich.

• Kunststoffummantelter Kupferdraht, der in der Regel als Meterware verkauft wird, ist wesentlich weicher als Blumendraht und findet damit eher als Dekorationsartikel in der Gestaltung von Verpakkungen Anwendung. Er kann leicht als zusätzliche Dekoration um die verschiedensten Gegenstände gewickelt werden. Man trennt ihn einfach mit einer Haushaltsschere durch.

Sweets for my s

Eine süße Kleinigkeit „für meinen Schatz" wird durch einfaches, aber effektvolles Verpackungsdesign zur Überraschung des Abends.
Kleine Bonbonnieren, Schmuckschächtelchen oder hübsch verpackte Mitbringsel gewinnen durch eine überdimensionale Schleife, die aus üppig wirkendem Material wie Metallicpapier geknotet wird. So zieht das kleine, unauffällig wirkende Geschenk von vornherein die Blicke auf sich und gibt dem Inhalt vom ersten Moment an die richtige Bedeutung.
Die Farbzusammenstellung von Papier und Schleife macht auch bei den anderen Geschenken den besonderen Effekt aus. Schleifenwiederholungen, ob graphisch oder willkürlich angeordnet, setzen gestalterische Akzente.

veet

Einfach originell verpackt

Nicht immer nur eng am Geschenk anliegend soll das Papier den Inhalt optisch aufwerten. Phantasievolles Verpacken verrät nicht gleich die Konturen des Geschenkes und erhöht so den Wert der Verpackung an sich.

Bevor man teures Geschenkpapier falsch faltet oder die Ecken verklebt, sollte man ein- oder zweimal die geplanten Faltungen und die Befestigungstechnik mit Zeitungspapier üben.

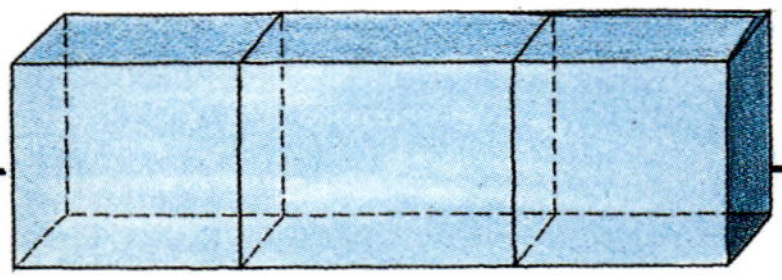

Das zu verpackende Geschenk einschlagen. Die Papierkante schließt bündig an der Kartonkante ab

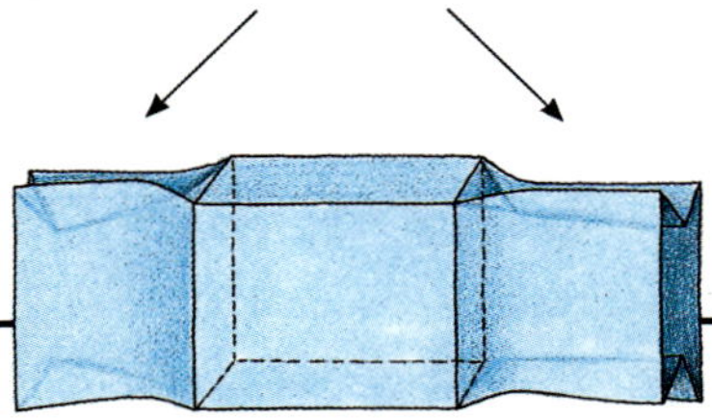

Die überstehenden Seiten oben und unten falzen, die Papierkanten in der Mitte zusammenführen, festkleben

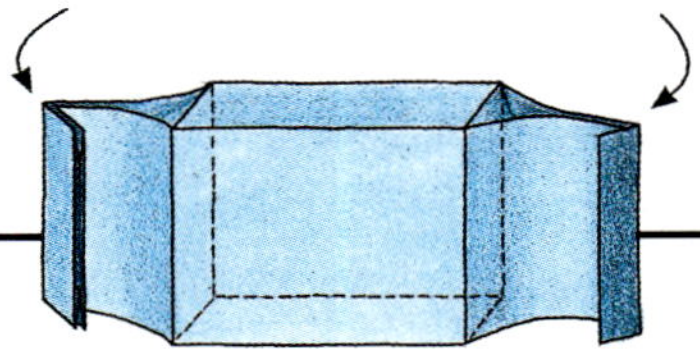

Die Enden zum Geschenk hin zweimal 1 bis 2 cm einknicken und mit Klebeband befestigen

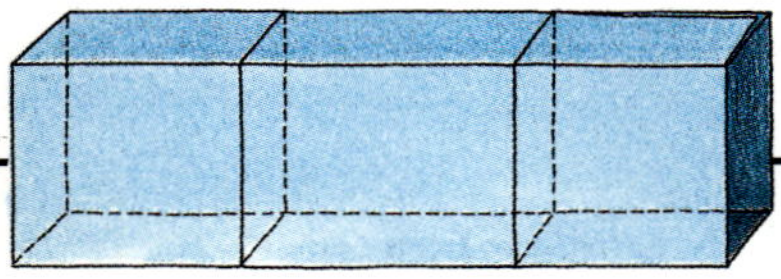

Für die Verpackungsvariante das Objekt wie gezeigt in Papier einschlagen

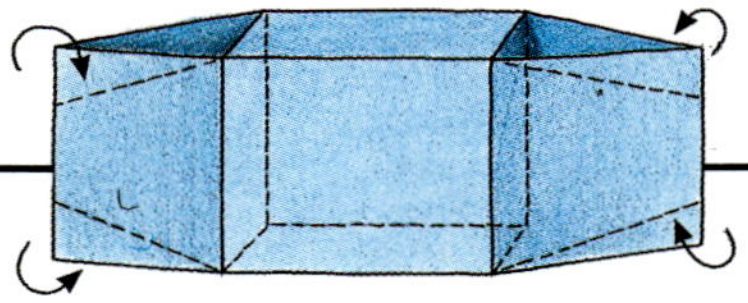

Die Enden zu einem Dreieck nach innen knicken und mit Klebeband festkleben

Die äußeren Papierkanten zur Mitte hin knicken, zur Seite umschlagen und befestigen

Das Paket oder die Schachtel auf das Geschenkpapier legen, die Ränder wie gezeigt einschlagen

Das Paket einschlagen und die Faltungen ineinanderlegen, mit doppelseitigem Klebeband befestigen

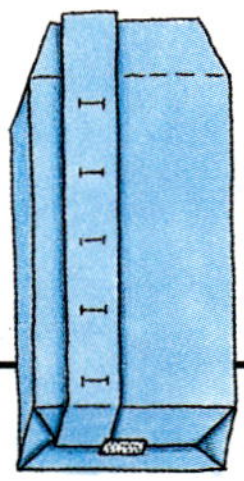

An der Schmalseite das Papier sauber in der gewohnten Technik falten und die Enden mit einfachem Klebeband fixieren

Bei dieser Geschenkverpackung ist das Verhältnis von überdimensionaler Schleife zu Päckchen interessant. Die Schleife wird aus drei Bögen Polypapier zusammengesetzt. Wer möchte, kann eine Kante mit Schleifenband bekleben.

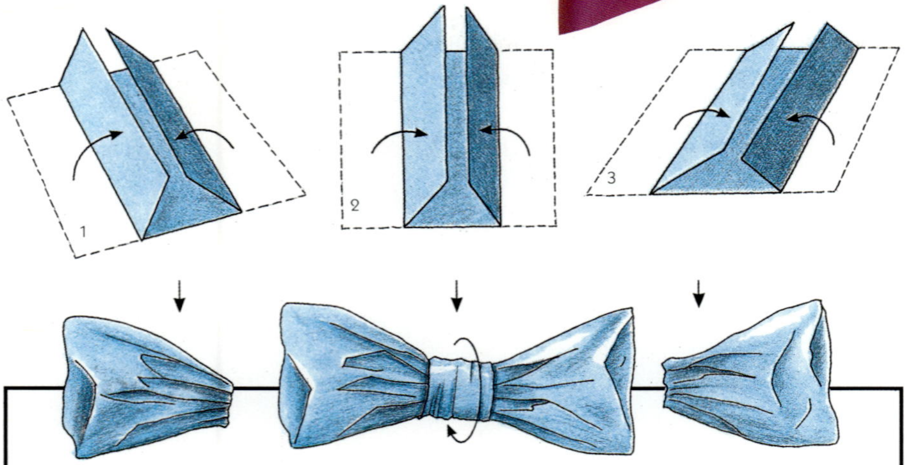

Alle drei Bögen in der gleichen Art falzen. Bogen 1 und 3 doppelt legen und knautschen. Mit Heftklammern zusammentackern

Anschließend die „Flügel" in der Mitte mit Bogen 2 fest umschlagen und hinten mit Heftklammern fest zusammenknipsen

Eine Variante zu der auf Seite 14 gezeigten Verpackung verlangt schon etwas mehr Geschick im Umgang mit dem Papier.
Das klassisch verpackte Geschenk wirkt einzig durch die Anordnung der Schleifen. Man kann Schleifen in beliebiger Anzahl verwenden und in beliebiger Größe (ohne Anleitung).
Auch die Farbzusammenstellung von Papier und Band bleibt dem Geschmack des Verpackungskünstlers überlassen.

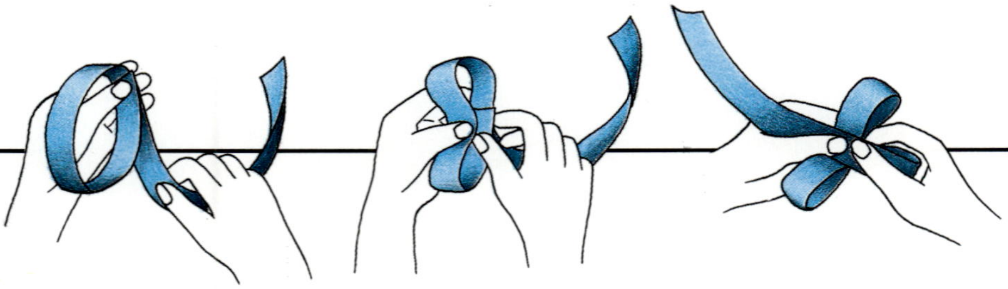

Die Einfachschleifen in beliebiger Größe binden (siehe auch Seite 26)

Dann auf das Geschenkpäckchen kleben oder festtackern

Bei dieser Verpackung dominiert die klare Geometrie. Die auffällige Faltung kann links oder auch rechts plaziert sein. Sie wird betont durch die in gleichen Abständen aufgesetzten Schleifen.

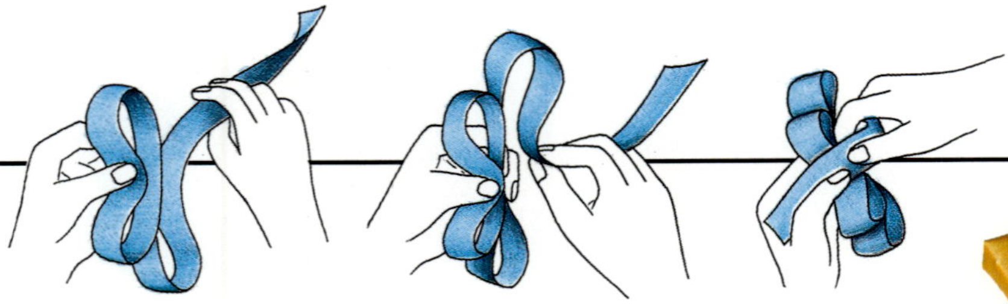

Fünf Doppelschleifen binden und untereinander angeordnet auf die Längsfaltung kleben

PAPIERE

Unterschiedliche Geschenke bedingen auch unterschiedliche Verpackungen aus Papier. Papier ist einerseits ein anschmiegsames und leicht zu formendes Material, andererseits aber auch störrisch und verletzbar. Verarbeitungstechniken sollen sich den Formen des Geschenkes anpassen und sie unterstreichen. Falten, Knikken, Ummanteln, Wickeln, Falzen und Knautschen sind die Techniken der hier gezeigten Papierfaltkunst.
Es kommt darauf an, erst einmal ein Gespür für die verschiedenen Papierarten zu entwickeln. Man stellt sehr schnell fest, daß manche Papierarten sich dagegen wehren, scharfkantig geknickt zu werden, andere wirken geknautscht wie ein altes Stück Zeitungspapier.
Will man immer mal wieder eine neue Art des Verpackens ausprobieren, so lohnt es sich durchaus, die Eigenheiten der verschiedenen Papiere einmal auszuprobieren und sie sich einzuprägen. Bei zukünftigen Verpackungen braucht man dann weder langwierig zu experimentieren noch sich über störrisches Papier zu ärgern.

FALTEN - SPÜREN - FORMEN

FALTEN, KNICKEN, KNAUTSCHEN

Geschenke in einer Tasche zu verbergen ist immer noch eine seltene Art der Verpackungskunst. Leicht formbares Papier mit einer gewissen Stabilität wird durch die hier gezeigte Technik zu einer attraktiven „Arzttasche" gefaltet. In dieser kann man am besten leichte, längliche Geschenke überreichen.

Den Papierbogen entlang der Längsseiten etwa 3 – 4 cm falzen

Dieselbe Faltung an den kurzen Seiten wiederholen, die Ecken festkleben

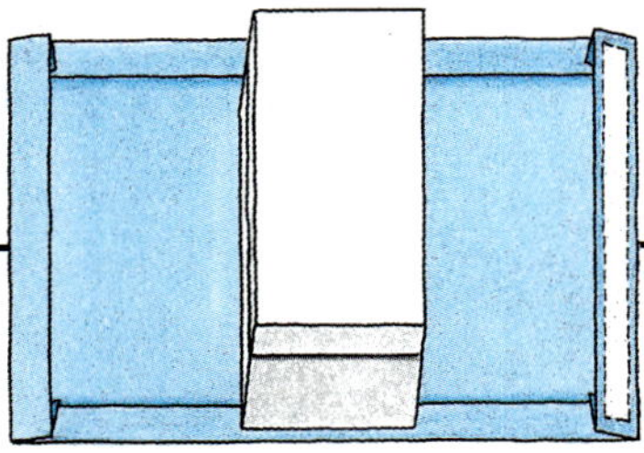

Auf der kurzen Seite des eingeschlagenen Randes Klebeband anbringen

Das Papier um das Geschenk herumlegen und die Oberkanten mit dem Klebeband aneinanderkleben

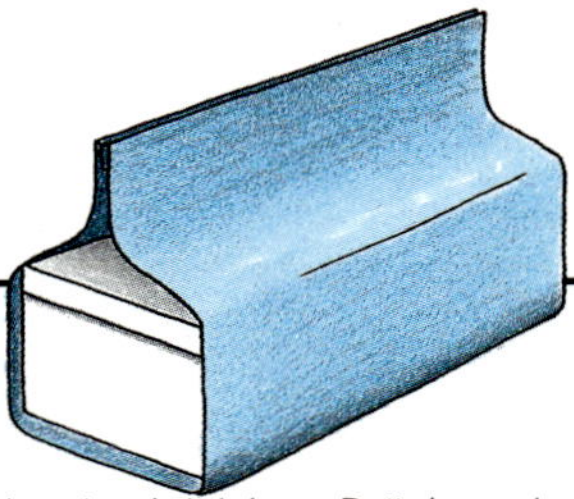

Das Papier durch leichtes Drücken oberhalb des Geschenkes zu einer Tasche formen und mit einer Schleife dekorieren

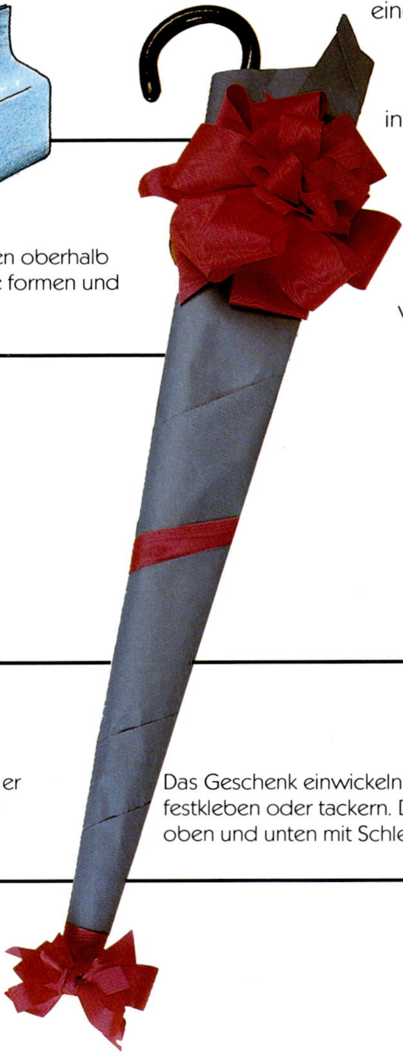

Ein Schirm ist schwierig als Geschenk in einer Verpackung zu verbergen. Mit etwas Geschick kann man durch interessante Papierfaltungen die Form bewußt betonen. Einfarbiges Papier und kontrastfarbene Schleifen wirken am besten.

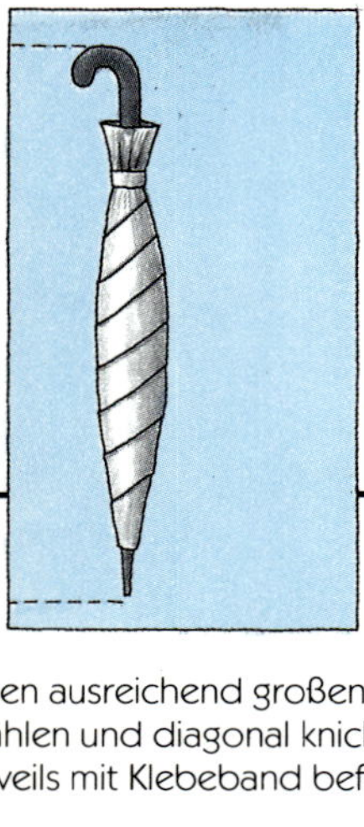

Einen ausreichend großen Bogen Papier wählen und diagonal knicken. Die Faltungen jeweils mit Klebeband befestigen

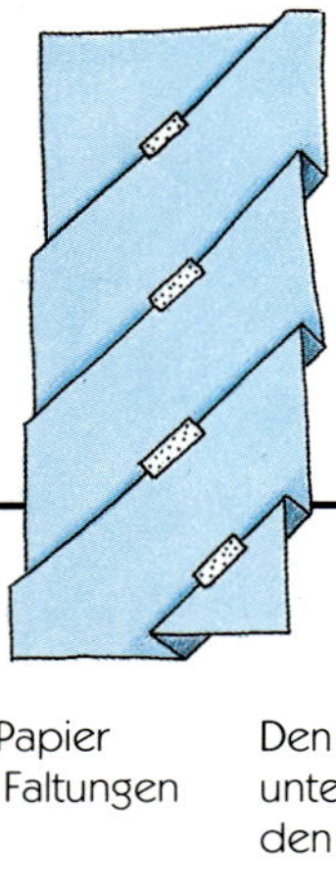

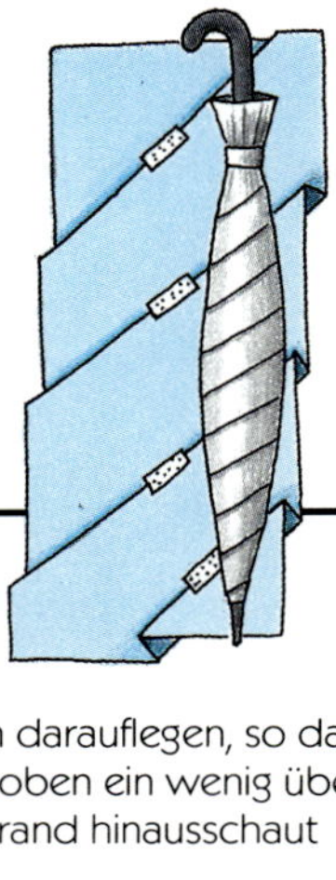

Den Schirm darauflegen, so daß er unten und oben ein wenig über den Papierrand hinausschaut

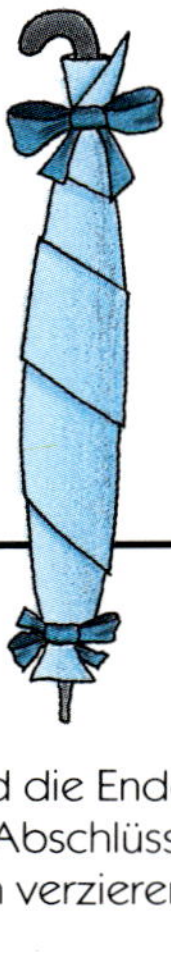

Das Geschenk einwickeln und die Enden festkleben oder tackern. Die Abschlüsse oben und unten mit Schleifen verzieren

Diese moderne Geschenkverpackung, die viel Gefühl für Material und Formen verlangt, sollte vielleicht nicht gerade der Anfänger probieren. So einfach die Technik hier wirkt, so mißlungen sieht unter Umständen das verpackte Geschenk später aus. Das richtige Knautschen muß man üben, am besten mit Polypapier, das kaum scharfkantiges Knicken zuläßt. Nur so wirkt das Geknautschte genauso edel wie auf dem Foto.

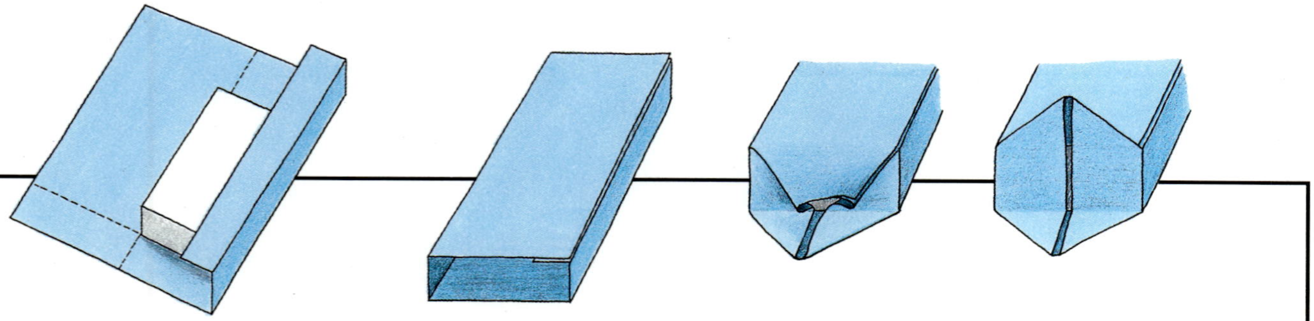

Einen Bogen um das Geschenk schlagen — An der Längsseite mit Klebeband fixieren — Dann die Seiten nach innen falten

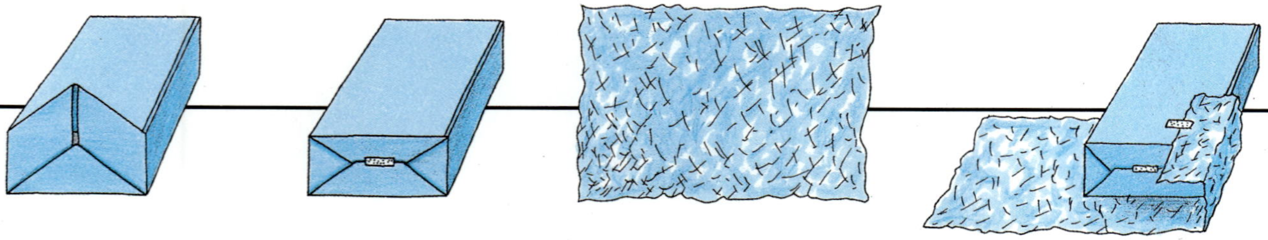

Wichtig ist, daß die Kanten exakt gefalzt werden. Die Seitendreiecke ebenfalls fixieren — Den zweiten Bogen zerknautschen, dann doppelt legen — Um die Hälfte des Geschenks den zerknautschten Bogen schlagen und fixieren

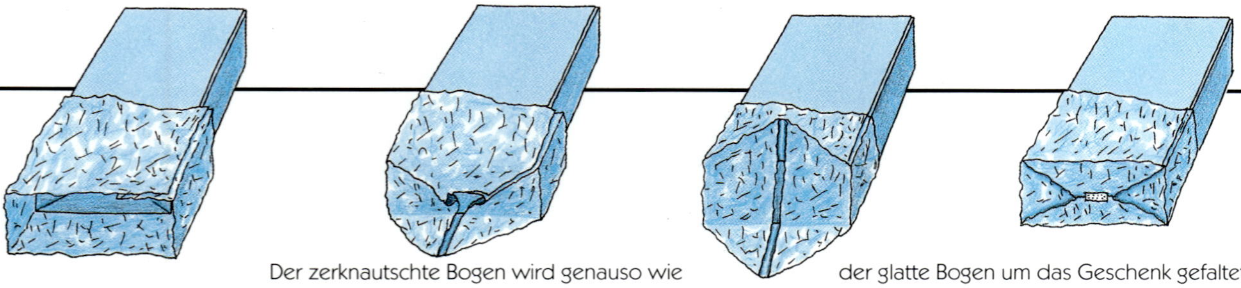

Der zerknautschte Bogen wird genauso wie der glatte Bogen um das Geschenk gefaltet

FÄCHER

Der Fächer ist eine relativ einfache Papierfaltung, die als Accessoire vielfach Verwendung finden kann. In allen Größenordnungen gefertigt, kann er sowohl auf einer verpackten Kartonage dekorativ wirken als auch geschickt eingewickelte Flaschen zu einem herausragenden Blickfang machen. Dabei ist es der Phantasie des Verpackenden überlassen, ob er das Geschenk mit einem oder mehreren Fächern dekorieren will. Besonders gut wirken natürlich die Verpackungen, wenn die aufgesetzten Fächer unterschiedliche Größen haben.
Damit die Fächerfaltung besonders gut zur Wirkung kommt, sollte ein möglichst dezentes Papier gewählt werden. Farbtupfer können dann durch kontrastierende Schleifen, Bänder und andere Accessoires gesetzt werden.

Schachteln werden wie auf Seite 19 beschrieben in das eingewickelte Geschenkpapier eingehüllt.
Wer sich das Verpacken ersparen möchte, kann auch fertige Kartonagen kaufen. Diese mit Schleifenband und Fächer nach Belieben verschönern.
Lassen Sie Ihrer Phantasie freien Lauf, und versuchen Sie ruhig auch einmal eigene Fächerdekorationen zu erfinden.

Trotz des recht störrischen Papiers wirkt die Umhüllung der Flasche noch sehr elegant. Dies bewirken nicht nur die Fächer in verschiedenen Größen, sondern auch die glitzernden kleinen Sternchen und das Moiréband.

Die Flasche diagonal auf das Papier legen

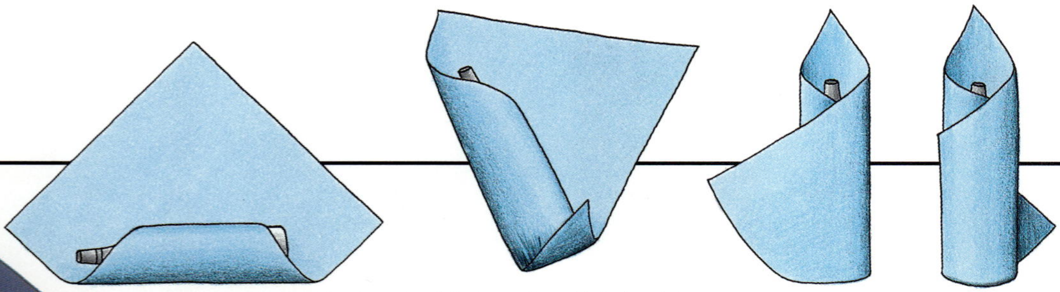

Geschenk wie skizziert einwickeln und am Fuß einschlagen

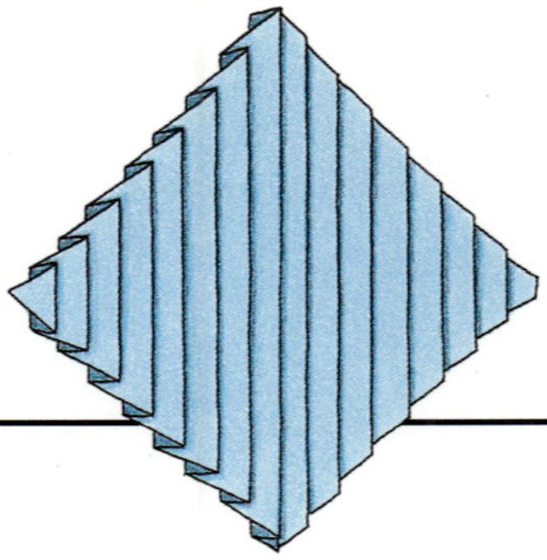

Zur Faltung des Fächers das Papier diagonal gleichmäßig falzen und knicken, so daß es eine Ziehharmonika ergibt

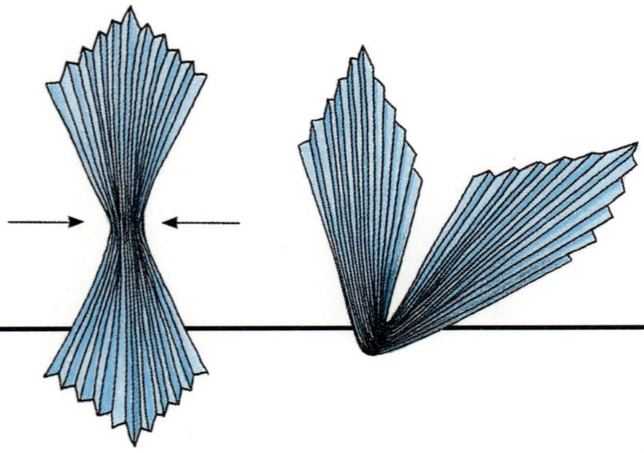

Den Fächer genau in der Mitte zusammenfassen und dann die beiden Spitzen zusammenführen

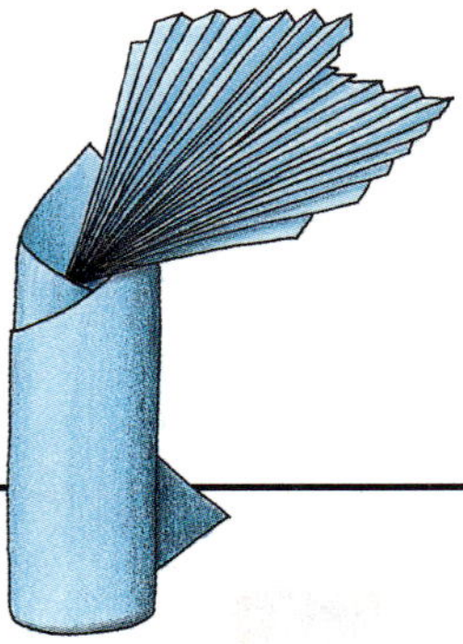

Den Fächer anschließend von oben in das verpackte Geschenk einschieben oder seitlich ankleben

Ziehharmonika

Das „Ziehharmonikageschenk“ ist immer wieder interessant. Obwohl sie von der Faltung her bekannt ist, wirkt die Ziehharmonika fremd in Kombination mit der glatten, enganliegenden Papierummantelung der Flasche. Der Schwung des gleichmäßig geknickten und über die gesamte Länge des Geschenks hinuntergebogenen Papierüberhangs zeigt nicht nur eine schicke, sondern auch eine geschickte Bearbeitungsweise des Papiers. Es versteht sich, daß das Papier für die Ziehharmonika eine gewisse Festigkeit haben muß, da sonst die Faltungen nicht bestehen bleiben.

Das Papier doppelt so hoch wie die zu verpackende Flasche wählen. An der Innenseite das Papier mit einem oder zwei Streifen selbstklebendem Fotoband versehen

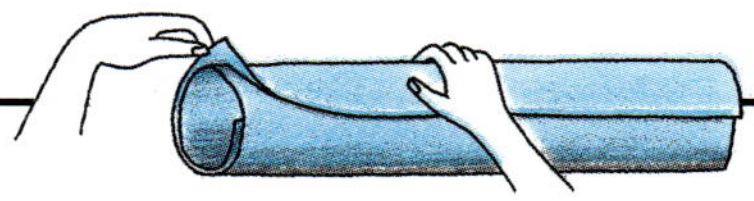

Die Flasche gut einrollen und das Papier am Flaschenboden einschlagen und mit Klebeband fixieren

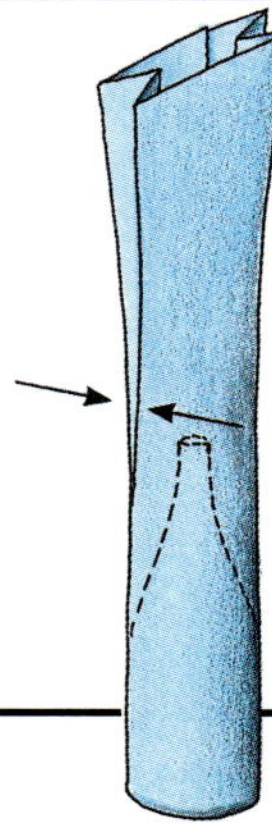

Den über die Flasche hinausragenden Teil des Papiers seitlich einknicken und flach zusammendrücken. Diesen Teil gleichmäßig knicken und falzen

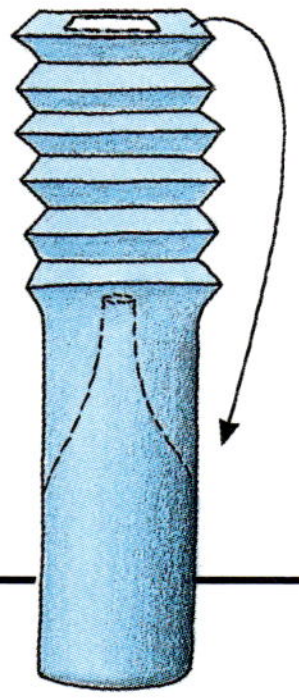

An der oberen Kante Klebeband befestigen, die gesamte „Ziehharmonika“ über den Kopf des Geschenkes hinunterbiegen und festkleben

Um die gesamte Verpackung ein Band drapieren, das am Geschenkboden befestigt wird. Mit Schleifen, Federn, Glimmer zusätzlich schmücken

Genauso wie die gezeigte Flasche lassen sich natürlich auch noch beliebige andere Geschenkformen mit der Ziehharmonikafaltung verpacken.

Auch Schallplatten und kleine Schmuckschachteln lassen sich gut mit der Ziehharmonika verkleiden; ja sie wirken durch diese sogar noch viel voluminöser.

Sollte ein Bogen Papier nicht ausreichen, so wird das Geschenk separat eingepackt. Die Ziehharmonika wird aus einem zweiten Bogen gefaltet.

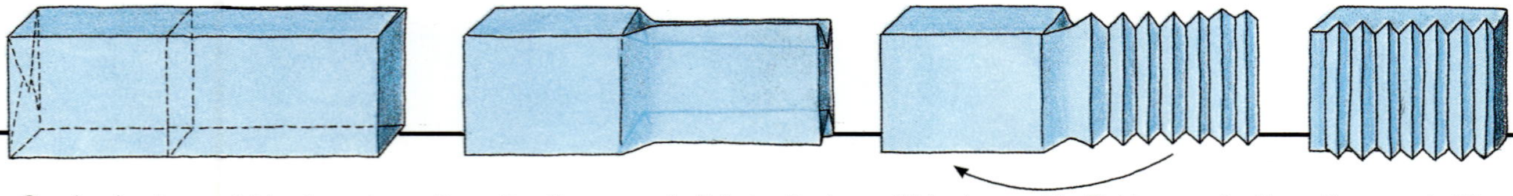

Das Geschenk wie gezeigt in einen doppelt so großen Bogen einschlagen. Die Stoßkante des Papiers sollte mit der Kante des Geschenkes bündig abschließen

Das überragende Teil des Papiers seitlich einknicken und flach zusammendrücken. Die überstehende Papierfläche gleichmäßig knicken, so daß eine Ziehharmonika entsteht

Die Ziehharmonika über die gesamte Länge des Geschenks biegen und seitlich fixieren. Damit eine schöne Ziehharmonikafaltung entsteht, ist das exakte Falzen unerläßlich

Schleifen parade

Die Schleife, Krone jeder phantasievollen Verpackung. Voluminös und funkelnd, geometrisch und in alle Himmelsrichtungen strebend; einfarbig oder bunt wie ein Pfau gibt sie dem Geschenk seinen unverwechselbaren Charakter.
Die Technik der Formgestaltung in Verbindung mit effektheischenden Accessoires lassen die Schleife zum Meisterstück des kreativen Geschenkverpackungskünstlers werden.
Dabei spielt nicht nur die geschickte Knotentechnik eine Rolle, sondern auch die phantasievolle Formgebung. Mit den als Meterware erhältlichen Schleifenbändern läßt sich recht preiswert experimentieren.

Schleifen gebunden

Die etwas schwierigeren Schleifen erfordern ein gutes Auge für die Länge des Zuschnittes und eine gewisse Fingerfertigkeit. Dabei ist es durchaus erlaubt, sich durch Festtackern oder einfaches Zusammenbinden mit Faden oder festem Zwirn zu helfen. Dieser wird dann mit Schleifenband geschickt kaschiert. Auch das Probieren zu zweit macht nicht nur Spaß, sondern kann auch den Austausch von Erfahrungen, Tricks und Kniffen fördern.

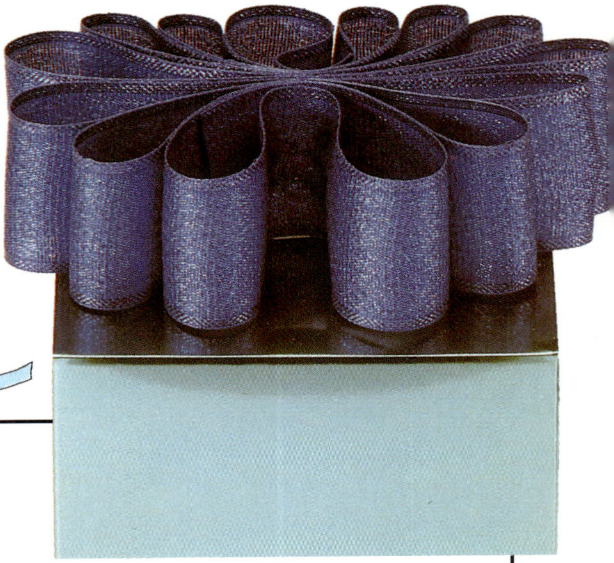

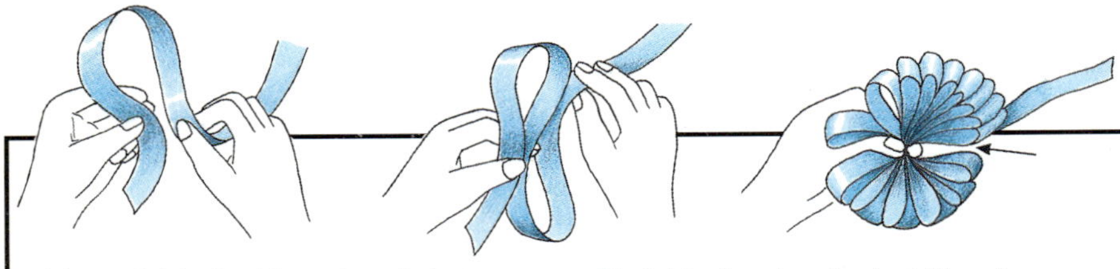

Mehrere Schlaufen hintereinanderlegen. Mit Daumen und Zeigefinger in der Mitte zusammenhalten

Die Schlaufen dann in der Mitte mit einem Faden zusammenbinden oder festtackern

Die Einfächerschleife ist wohl die einfachste und preiswerteste Schleifenart, die voluminös und bizarr wirkt. Ihre Herstellung ist nur unter Verwendung von Polyband möglich. Häufiges Üben erhöht nicht nur die Fingerfertigkeit, sondern schafft auch die Grundlage für phantasievolle Kreationen.

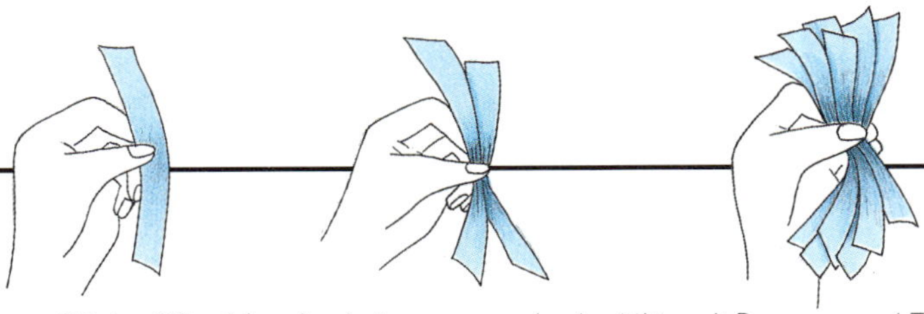

Gleichlange Stücke (10 – 14 cm) schräg abschneiden und übereinanderlegen

In der Mitte mit Daumen und Zeigefinger zusammenhalten

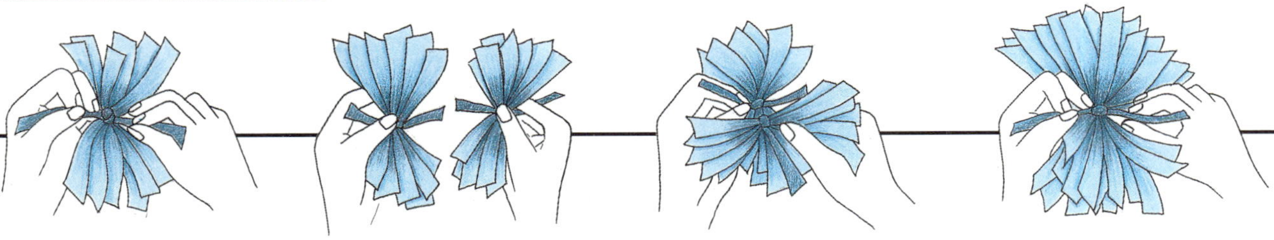

Dann mit einem Faden zusammenbinden, die Enden auseinanderziehen

Durch das Aufeinanderlegen zweier Schleifen entsteht ein voluminöser Doppelfächer

In der Mitte werden die Schleifen zusammengebunden

Die elegante Schleife aus 2 cm breitem Band ist sehr einfach zu legen. Sie wird in ihrer einfachsten Form aus einer Schleife und einem zusätzlichen Band gebildet. Mehrere dieser Schleifen aufeinander- oder hintereinandergesetzt, wirken voluminöser und können so auch zum eigenständigen Accessoire werden.

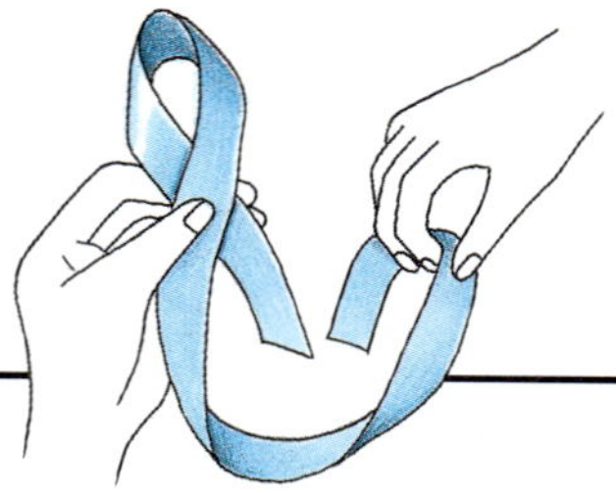

Circa 40 cm Band (abhängig von der Größe der Schleife) zu zwei Schlaufen legen und diese durch Daumen und Zeigefinger in der Mitte zusammenhalten

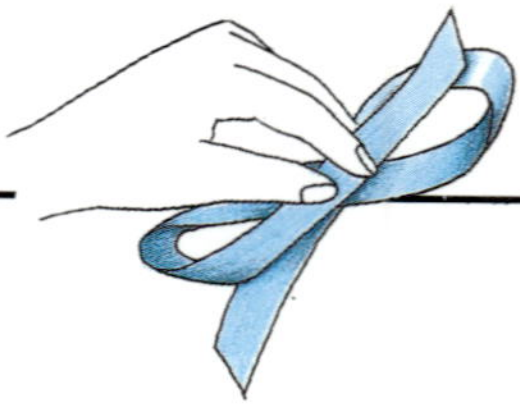

Die Schlaufe in der Mitte mit einem anderen schmalen Bandstück oder Faden zusammenknoten

Den Knoten mit Schleifenband umlegen. Dies verknoten und die Enden in der Länge der Schlaufen abschneiden

Zwei gleiche Schleifen dieser Art hintereinandergelegt und mit Schleifenband zusammengeknotet

Besonders raffiniert wirkt diese gelegte Schleife, die einfach zu binden ist, aber sehr kunstvoll wirkt. Hierbei ist darauf zu achten, daß das Band aus relativ starrem Material ist, damit die Schlaufen ihre Form behalten. Polyband und Metallicbänder eignen sich hierfür besonders.

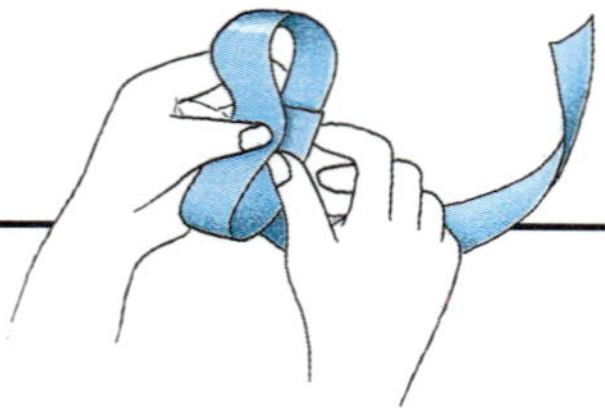

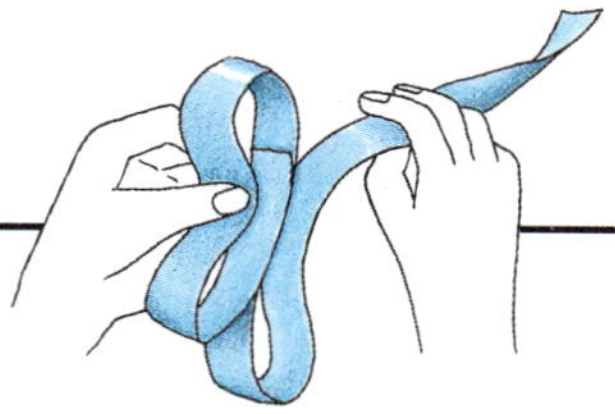

Eine Schleife legen und mit Daumen und Zeigefinger zusammenhalten

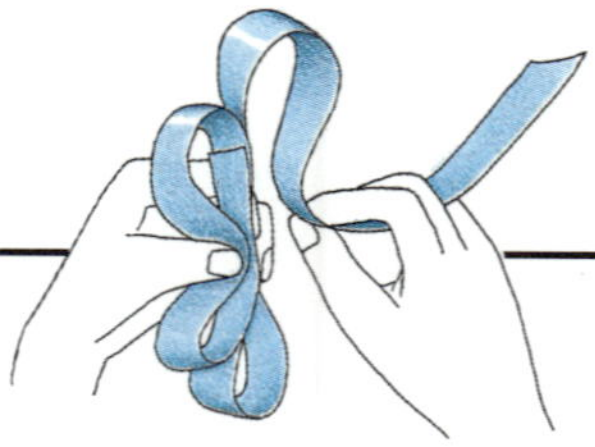

Weitere Schlaufen legen, jede etwas größer als die vorherige. Mittig mit Daumen und Zeigefinger halten und zusammentackern

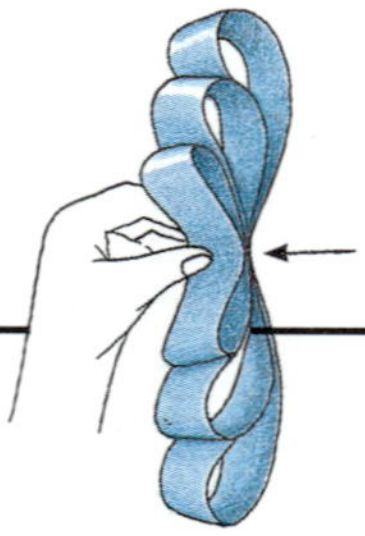

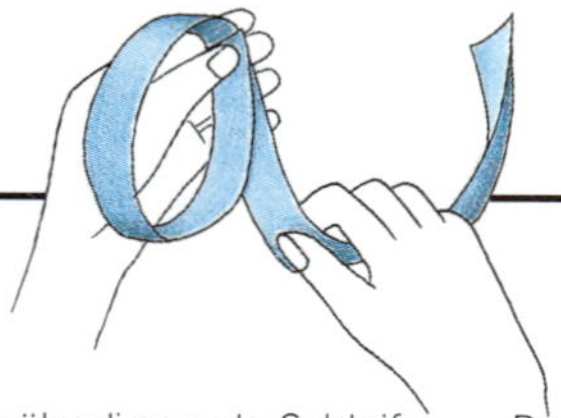

Für die rechtwinklig darüberliegende Schleife beginnt man mit einer kleinen kreisförmigen Schlaufe, deren Ende nach innen gelegt wird

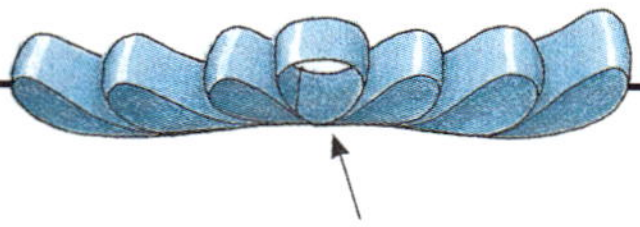

Dann wie bei der ersten Schleife weiterarbeiten. Die Schleife rechtwinklig über die erste legen und beide zusammentackern

Besonders blumige Schleifen erfordern präzises Arbeiten, viel Material, aber nicht übermäßig viel Geduld. Zum Binden dieser Schleifen eignet sich vor allem Polyband. Es wird glänzend und matt in zahlreichen Farben angeboten. Weiche Tüllbänder sind nicht zu empfehlen, da die gebundene „Blume" schnell in sich zusammenfallen kann.

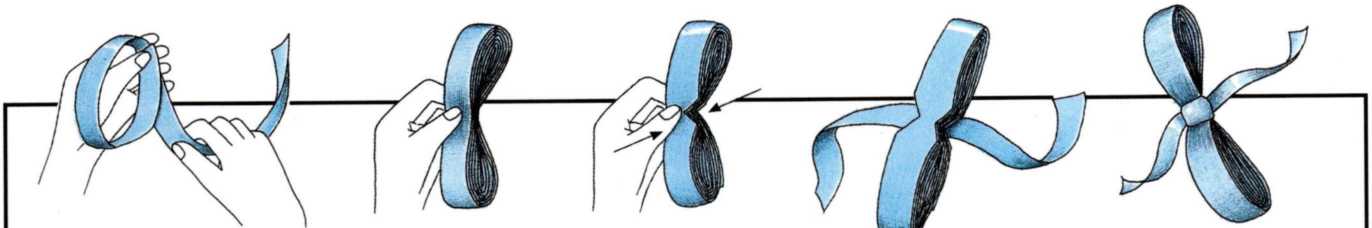

Band gleichmäßig zwischen Daumen und Zeigefinger kreisförmig legen

In der Mitte zusammendrücken und auf beiden Seiten mit einer Schere einschneiden

Mit einem separaten Band fest zusammenbinden

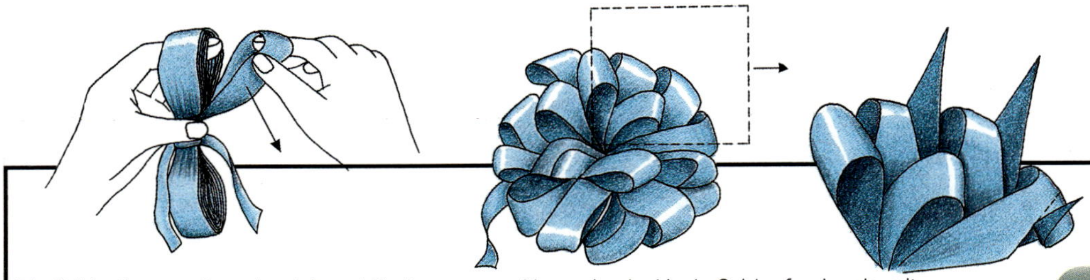

Die Schlaufen auseinanderziehen. Mit dem oberen Ende beginnen und jeweils im Wechsel eine Schleife nach vorn, die nächste nach hinten legen

Abwechselnd jede Schlaufe einzeln mit schrägem Schnitt steil einschneiden, so daß sich jeweils spitze Enden von der Schlaufe abspreizen

Ganz besonders einfallsreiche Verpackungskünstler schneiden die entstandenen Schlaufen steil ein, so daß orientalisch anmutende Blumen oder pfauartige Gebilde aus Phantasie und hochwertig gewebtem Bandmaterial entstehen.

SCHLEIFEN AUS MEHREREN MATERIALIEN

Durch das Ineinandersetzen verschiedener Schleifen aus unterschiedlichen Materialien, in verschiedenen Größen und Fertigungstechniken ergeben sich großblumige Dekorationen.

Für die blaue Schleife wurden folgende Materialien verwendet: Papier, grobmaschiges Band, Folie, Metallic- und Tüllband. Die Schleifen werden jeweils separat gebunden und dann zu einer großen Schleife arrangiert. Zum Zusammenfassen eignet sich ein fester Faden oder leicht biegsamer Draht.

Das Arrangement der gelben Schleife zeigt, daß das Material der Einzelschleifen ruhig einen Kontrast bilden kann, wenn die Farben aufeinander abgestimmt sind. So stehen hier zarte, transparente Tüllbänder im Kontrast zu glänzendem Satin und ein schmales getupftes Band zu einem breiten Moiréband. Das Tüpfelchen auf dem i sind die Federn, die in der Mitte mit Draht befestigt wurden.

Schleifen aus Papier

Kunstvolle Verpackungen zeichnen sich nicht nur durch reichhaltigen Einsatz von Accessoires aus, sondern insbesondere durch die vielfältigen Formgebungen von Papier und Schleife.
Hier ein Beispiel, wie einfache Geschenkformen durch geschicktes Einpacken verfremdet werden können.

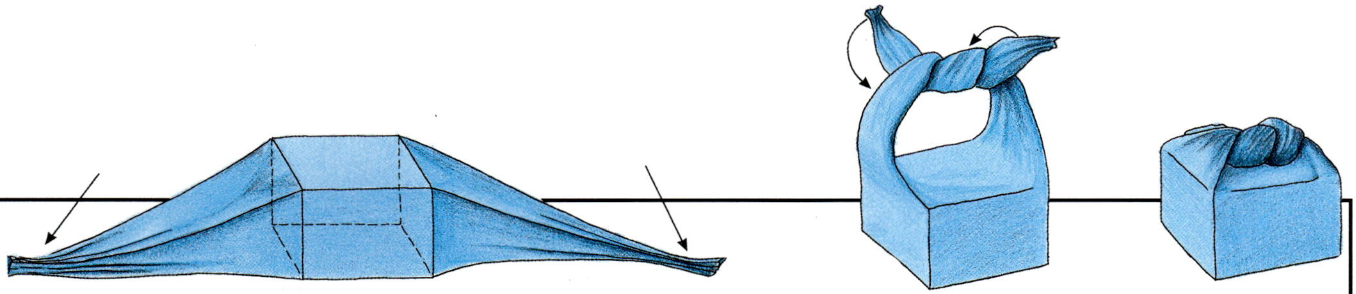

Das Geschenkobjekt wie abgebildet einschlagen und die lang auslaufenden Enden leicht knautschen

Die Enden zu einem Knoten zusammenbinden und dann gefühlvoll zusammenziehen

Die Knotenenden werden unter dem Knoten versteckt. Wenn notwendig mit Klebeband fixieren

Für die Verpackung braucht man drei Bogen Papier. Die Flasche in einen großen Bogen Papier einpacken

Den Bogen Papier mit Klebeband zukleben. Das Papier unter dem Flaschenboden einschlagen und festkleben

Das über der Flasche herausragende Papier wie einen Lappen zusammendrehen und am Flaschenbauch fixieren

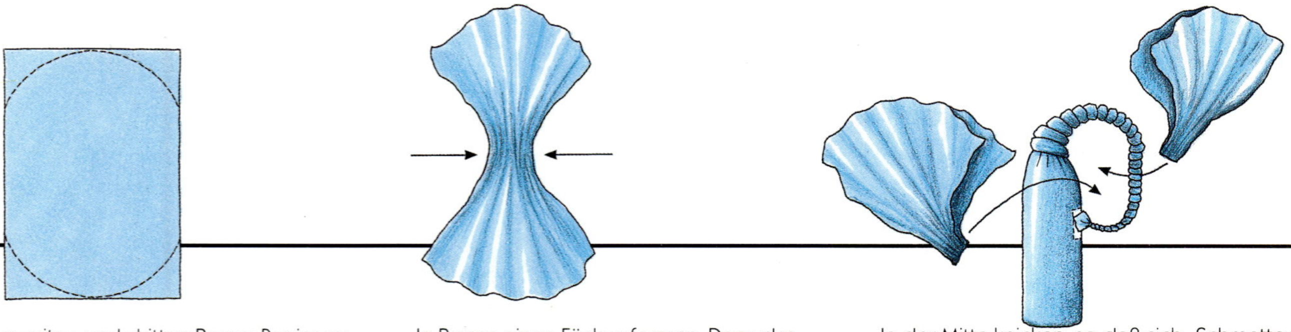

Den zweiten und dritten Bogen Papier an den kurzen Seiten rundschneiden. Die Schnittlinie sollte zuvor mit einem Bleistift skizziert werden

Je Bogen einen Fächer formen. Dazu das Papier mit einer Hand zusammendrücken. Dabei darauf achten, daß die Faltungen regelmäßig, jedoch nicht zu fest sind

In der Mitte knicken, so daß sich „Schmetterlingsflügel" bilden. Beide Flügel mit den gefalteten Enden in den aus Papier gedrehten Bogen von rechts und links einschieben

Der Fortgeschrittene versucht den Umgang mit Papier durch artfremde Verwendung mit sehr einfühlsamer Falt-und Formgebungstechnik.
Meisterhafte Rundungen ohne Knicken und Falten zeugen von viel Gefühl. Am besten eignet sich hierfür Polypapier oder handgeschöpftes Geschenkpapier. Ein paarmal muß man das Falten und Formen schon probieren, bevor es gelingt.

SCHLEIFEN INS RECHTE LICHT GERÜCKT

Das beliebteste Accessoire ist und bleibt die klassische Schleife.
Die Anordnung einer oder mehrerer Schleifen verändert das Erscheinungsbild einer Verpackung ebenso wie die unterschiedliche Anordnung geometrischer Elemente eine Konstruktionszeichnung. Dies verdeutlichen die sieben Beispiele. Die gleiche Kartonagengrundform wandelt ihren Ausdruck durch die Schleifendekoration.
Farb- und Materialharmonie von Schleifen und Papier oder Schachtel sind die zentralen Gestaltungselemente und somit Spiegel der Impulse und der Phantasie des Verpackungsdesigners.
Die einzelnen Zeichnungen zeigen die einzelnen Phasen der Bindetechnik und die unterschiedlichen Plazierungsmöglichkeiten der Schleifen.

Anordnung der Schleife in der Mitte

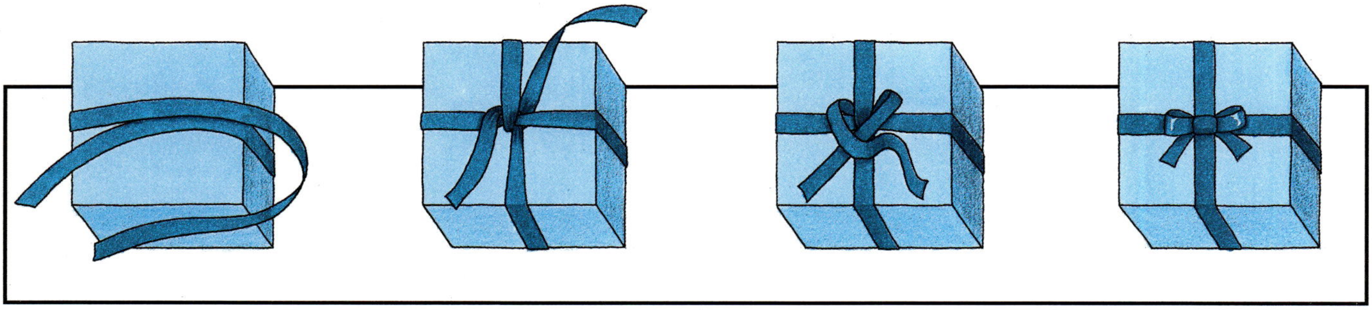

Anordnung der Schleife seitlich

Anordnung der Schleife versetzt

Anordnung der Schleife diagonal

Objekt mehrfach mit Schleifen geschmückt

Flaschenparade

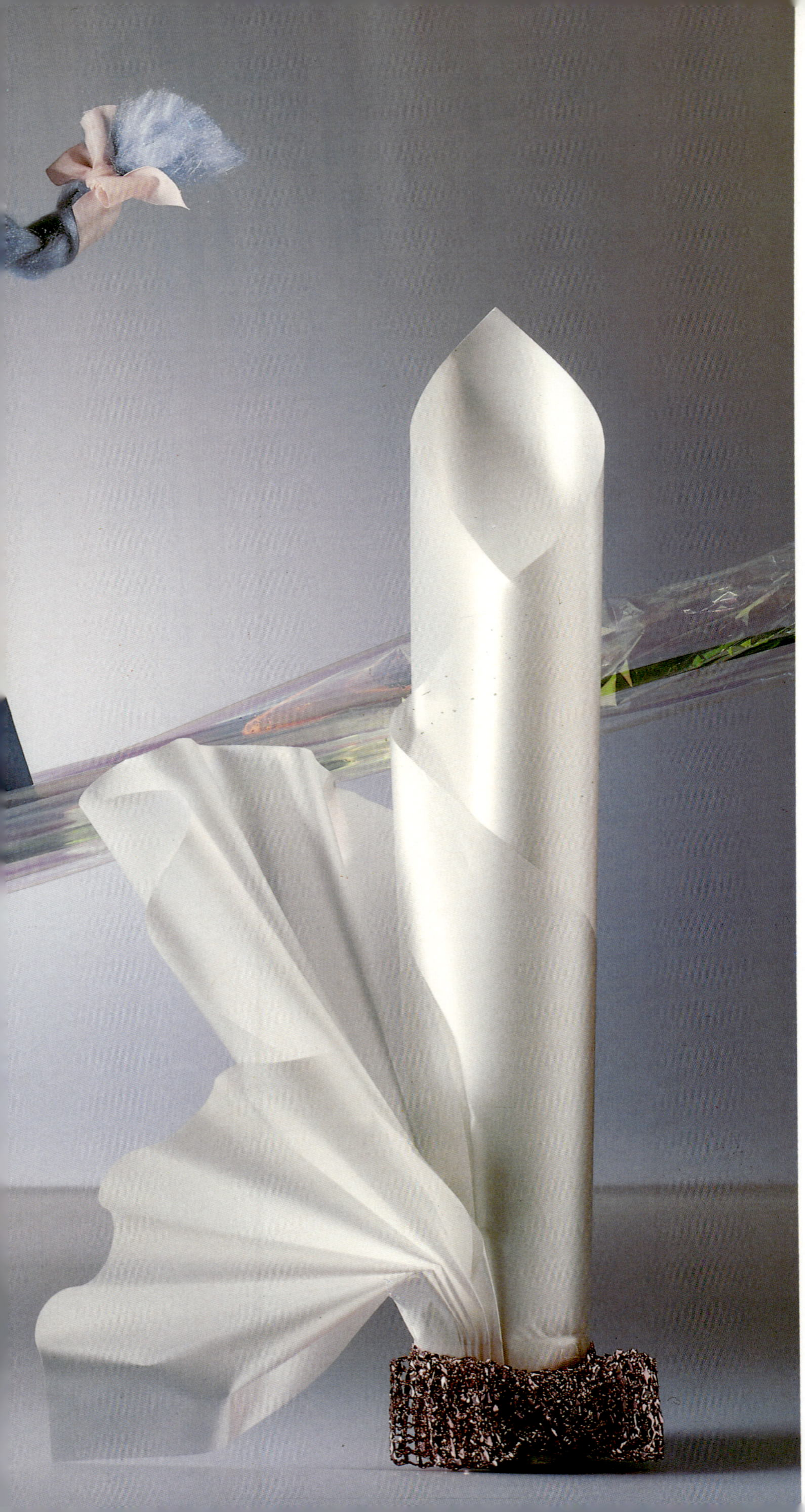

Deco-Art-Effekte machen Verlegenheitsgeschenke zum großen Erlebnis für den Beschenkten. Zudem sind sie Ausdruck Ihrer Wertschätzung für ihn.
Jeder Anlaß gibt Möglichkeiten, die Schlichtheit einer Flasche neu zu gestalten, ihre Formen zu korrigieren oder ganz einfach zu dekorieren.
Eine Flasche mit Zopf für Liesl oder eine Flasche mit Locken für den Jungmanager sind lieb gemeinte Anspielungen auf unverwechselbare Charaktere.
Sanftes Polypapier und packpapierähnliches farbiges Geschenkpapier fordern einfühlsame Finger. Der so scheinbare Gegensatz aus störrischem Papier und luftigen Federn wird durch geschickte Farbabstimmungen noch ausdruckvoller. Von einfachen Falttechniken bis zur eigenbrötlerischen Kombination mit verrückten Accessoires ist alles machbar, lassen Sie sich inspirieren.

Flaschen umhüllt

Allein durch die Verwendung unterschiedlicher Papiere und Accessoires ergeben sich ganz verschiedene Erscheinungsbilder des gleichen Geschenks. Klare Formen werden von starrem Papier bizarr überzeichnet und durch luftigleichte Federaccessoires wieder aufgelöst. Metallisierendes Papier gibt der Flasche eine wertvolle Ausstrahlung; hier würden Accessoires nur stören.

Einen großen Bogen Papier wählen und die Flasche einrollen

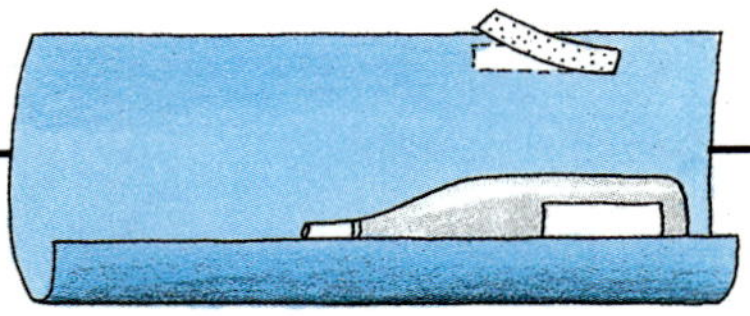

Das Papier innen mit doppelseitigem Klebeband ankleben

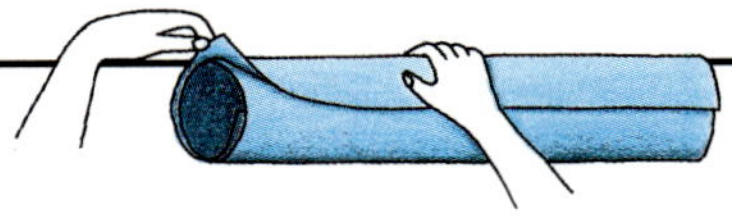

Das Papier am Flaschenboden einschlagen, und mit Klebeband fixieren

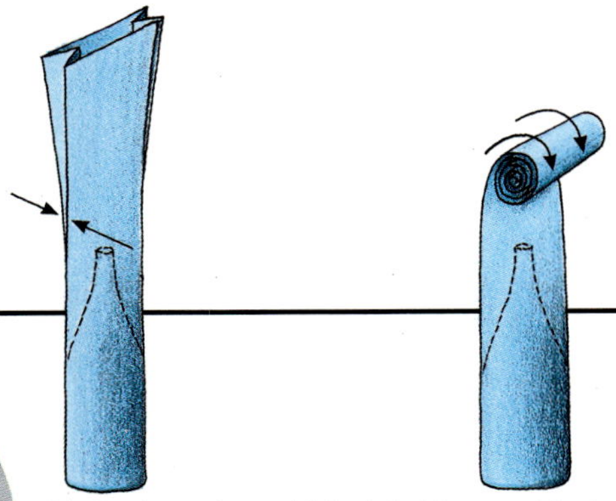

Die Papierenden seitlich einknicken und flach falten. Dann zur Schnecke zusammenrollen

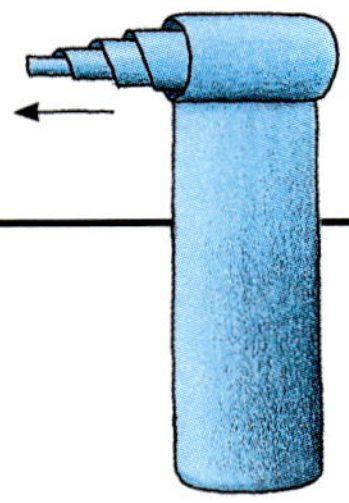

Die Spitze herausziehen und festkleben

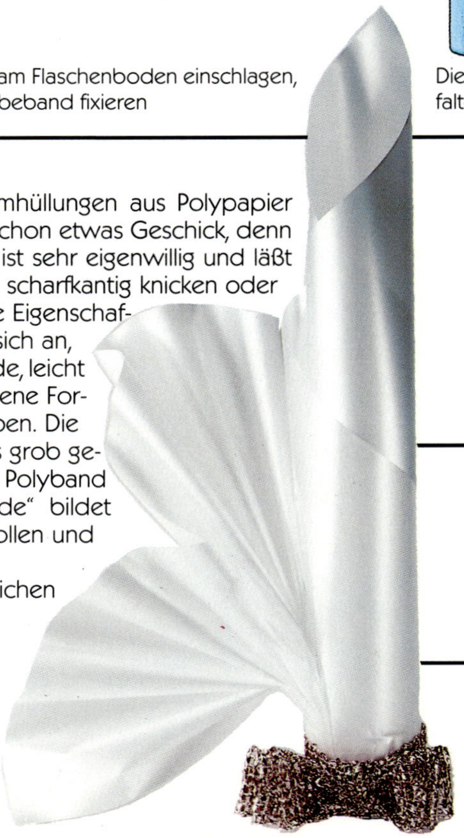

Geschenkumhüllungen aus Polypapier verlangen schon etwas Geschick, denn Polypapier ist sehr eigenwillig und läßt sich ungern scharfkantig knicken oder falten. Seine Eigenschaften bieten sich an, ihm fließende, leicht geschwungene Formen zu geben. Die Schleife aus grob geflochtenem Polyband am „Fußende" bildet einen reizvollen und relativ griffunempfindlichen Abschluß.

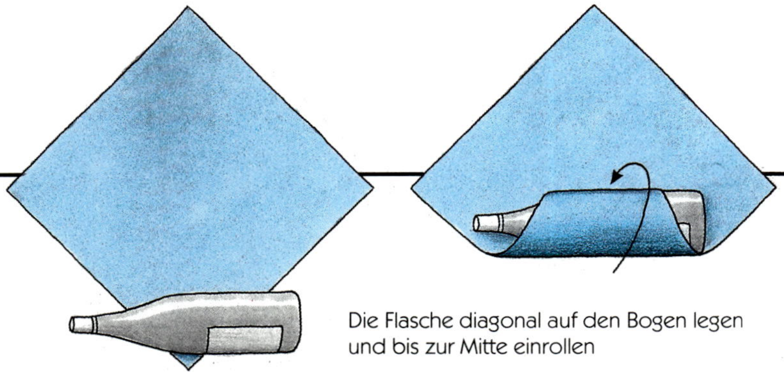

Die Flasche diagonal auf den Bogen legen und bis zur Mitte einrollen

Diese Verpackung ist äußerst attraktiv und sehr einfach zu fertigen. Es eignet sich hierfür aber nur Polypapier, da dieses sich der Länge nach spalten läßt, ohne seitlich einzureißen.

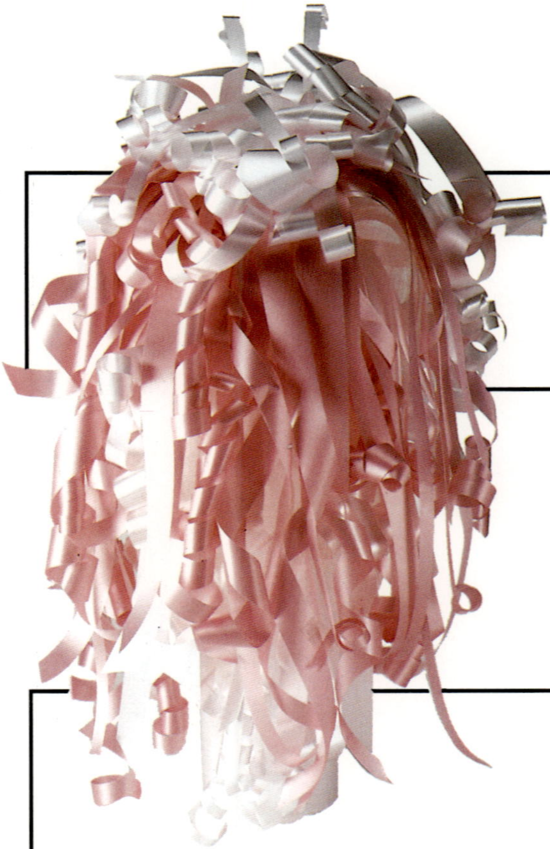

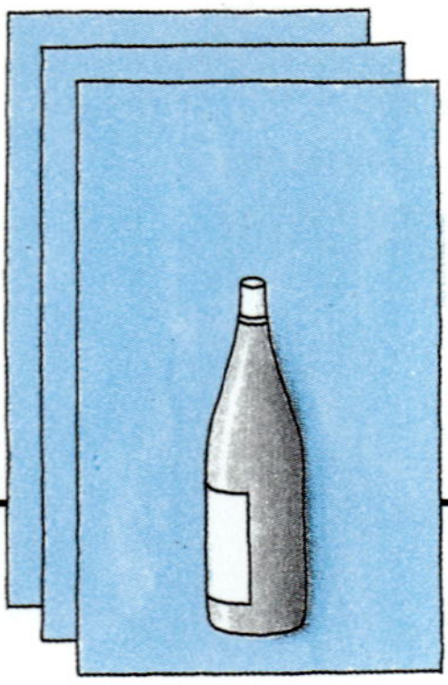

Drei Bögen aufeinanderlegen und die Flasche einrollen

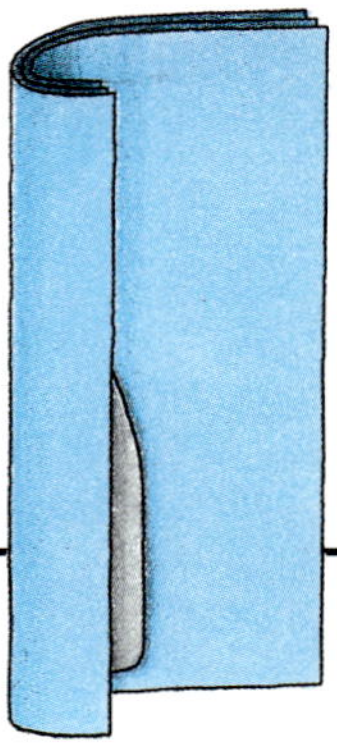

Klebeband innen am Papier befestigen, so daß die Ummantelung zusammenhält

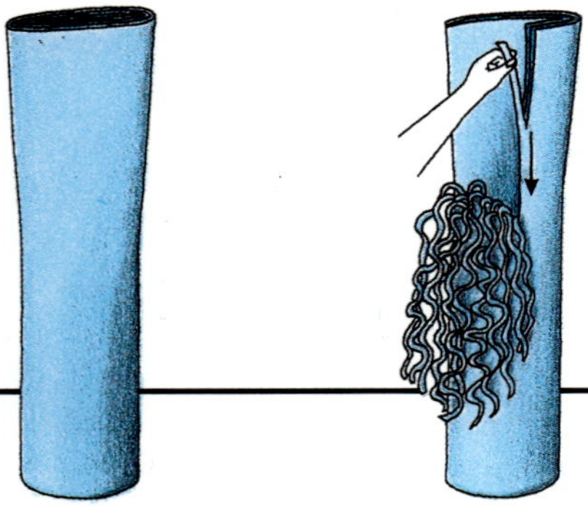

Das Oberteil bis zum Flaschenhals in senkrechte Streifen reißen oder schneiden. Mit einer Schere wie Polyband kräuseln

Das Papier am Boden der Flasche einschlagen

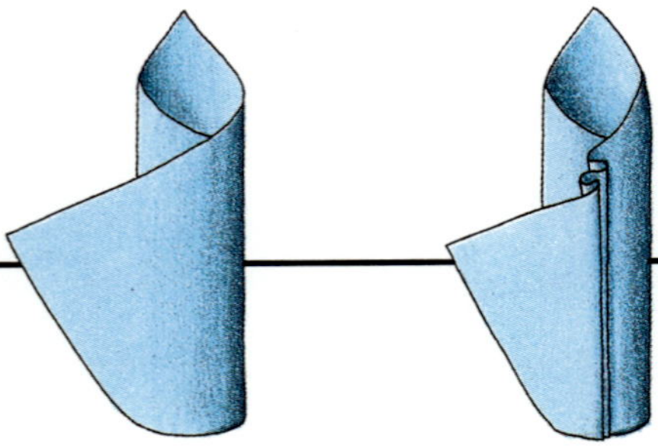

Den überstehenden Teil des Papierbogens leicht ziehharmonikaartig falten

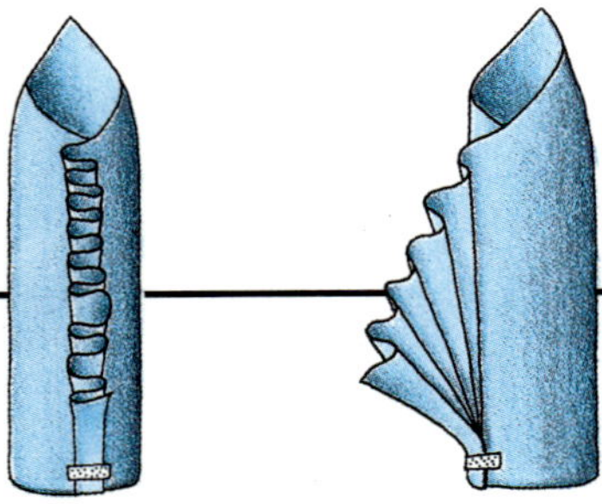

Den Ansatz des Fächers ankleben. Das Papier seitlich von der Flasche wegbiegen

EIGENWILLIG VERPACKT

Dem liebevoll verpackten Geschenk gibt man einen individuellen Charakter, wenn man ihm einen langmähnigen, zu einem Zopf geflochtenen Schopf aufsetzt. Dazu eignet sich hervorragend das unter dem Begriff „Pfau-Dekomoos“ geführte Accessoire.

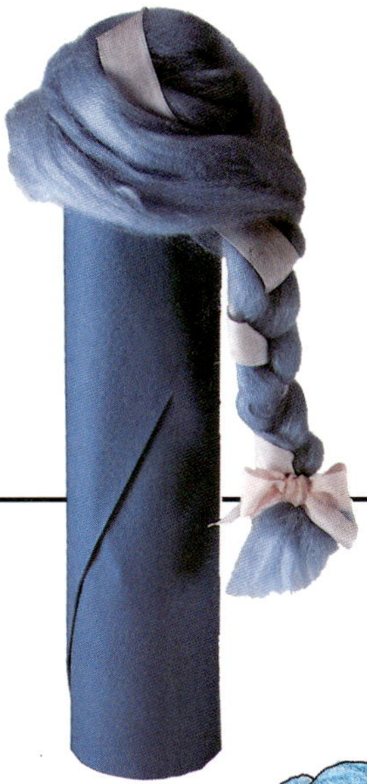

Die Flasche diagonal auf das Papier legen

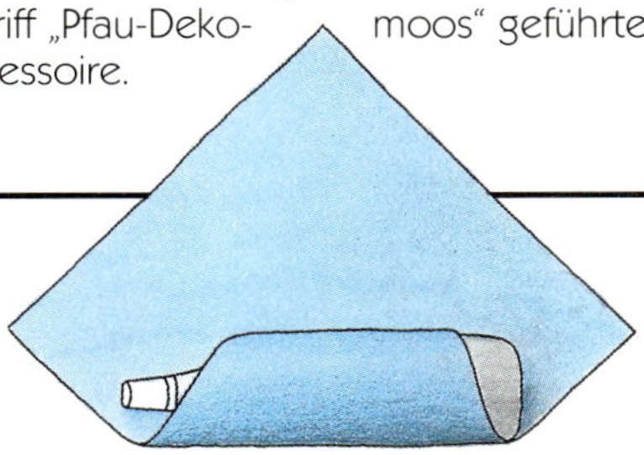

Dann etwa bis zur Hälfte einrollen

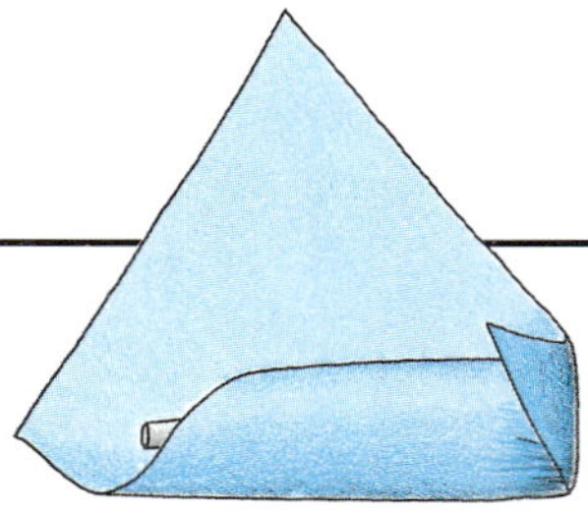

Das Papier am Flaschenhals und -boden einschlagen

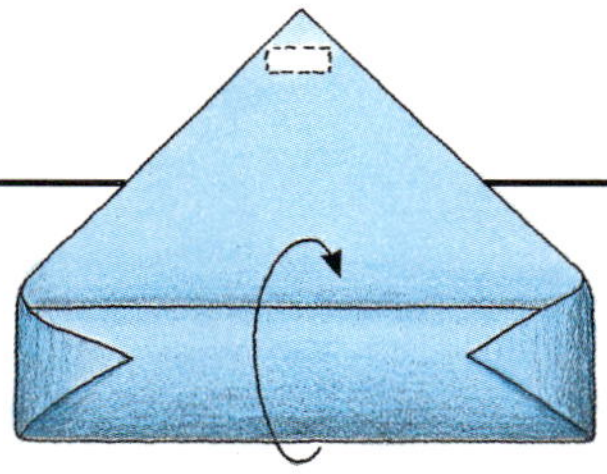

Die Flasche ganz einrollen. Etwas Fotoband an der Ecke sorgt für Halt

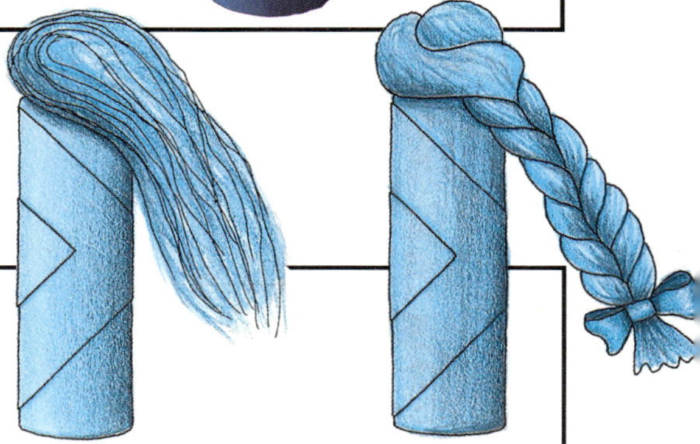

Das Kopfteil mit einem Zopf dekorieren. Auch andere Accessoires bieten sich an

Nicht immer wird für eine dekorative Hülle ein großer Bogen Geschenkpapier benötigt. Hat man genügend breites Geschenkband zur Verfügung, so kann die Flasche „verbunden“ werden.

Der Flaschenhals wird mit einer Schleife verdeckt. Diese kann zusätzlich noch mit Glimmer (mit Sprühkleber fixieren) verziert werden. Auch andere Dekorationen bieten sich an.

Das Geschenkband am unteren Ende der Flasche festkleben. Das Band nach oben hin um die Flasche wickeln und am Hals fixieren

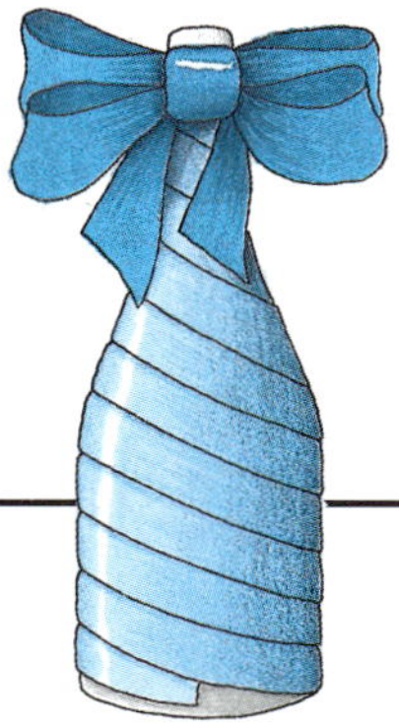

Eine Doppelschleife (siehe Seite 26/27) um den Flaschenhals binden, eventuell noch mit weiteren Accessoires schmücken

Diese Geschenkverpackung wirkt insbesondere durch die Auswahl des Papiers. Hier sind dem Verpackungskünstler keine Grenzen gesetzt.

Mickymauspapier hat eine ganz besonders fröhliche Note. Es sollte daher auch „wuschelig“ verarbeitet und dekoriert werden.

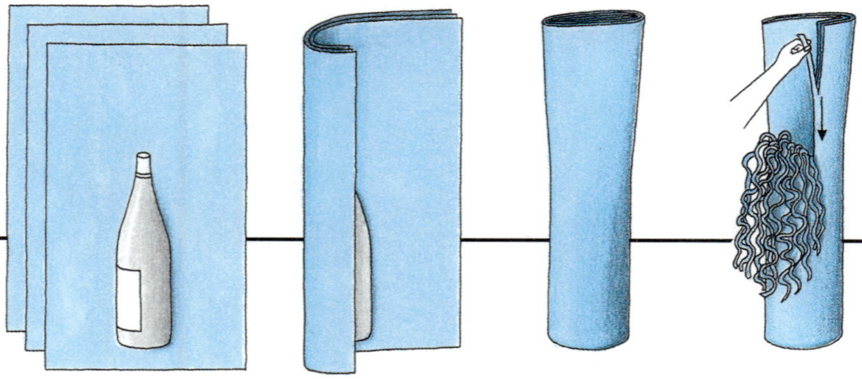

Drei Bögen übereinanderlegen. Das Geschenk einrollen, Klebeband auf der Innenseite anbringen

Nach dem Zukleben das Oberteil des Papiers bis zum Flaschenhals mit einer Zickzackschere in senkrechte Streifen schneiden

Ganz witzige Kontraste bilden hier Papier und Feder. Das leichte Seidenpapier, mutwillig geknautscht, wild und verwegen wirkend, erfährt seine kriegerische Betonung durch bizarren, farblich kontrastierenden Federschmuck.

Blumendraht hält die Materialien an den wichtigsten Punkten zusammen. Er läuft schwungvoll in einer asymmetrischen Spirale aus. Eine komplette Kriegsbemalung ergibt sich aus der Verwendung von ummanteltem Draht.

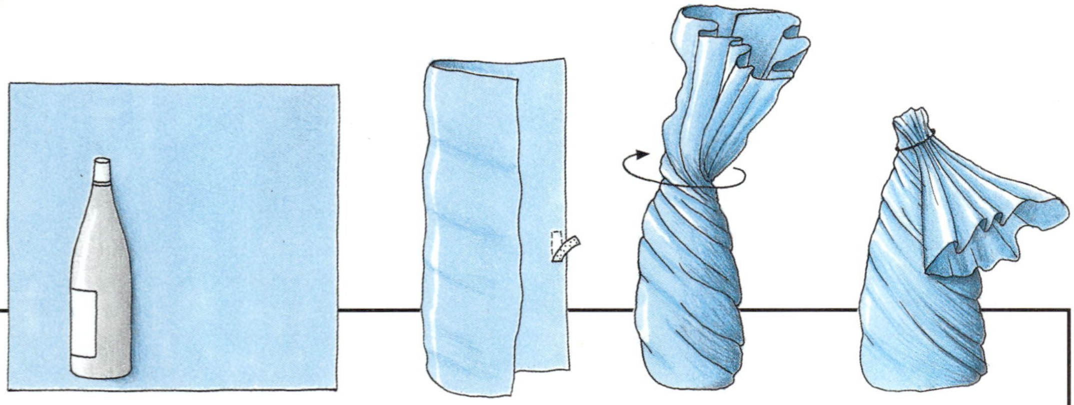

Die Flasche locker in Seidenpapier eindrehen. Das Klebeband innen sorgt für den Verschluß

Das Oberteil des Bogens einmal um die Senkrechtachse der Flasche drehen. Dabei das Papier nicht zu fest drehen

Das überstehende, geknautschte Papierende nach unten biegen und mit Blumendraht und einer Schleife zusammenbinden

Zwei Flaschen in einem Papier

In der Hoffnung auf ein gemeinsames Tête-à-tête werden in zarter Andeutung zwei Piccoloflaschen in leichtem, duftig grünem Seidenpapier zusammengefügt; natürlich in einem Bogen gemeinsam.

Die beiden Flaschenhälse werden mit Draht zusammengehalten und das darüber hinausragende Papier wird mit einer Zickzackschere eingeschnitten und blumig auseinandergezogen.

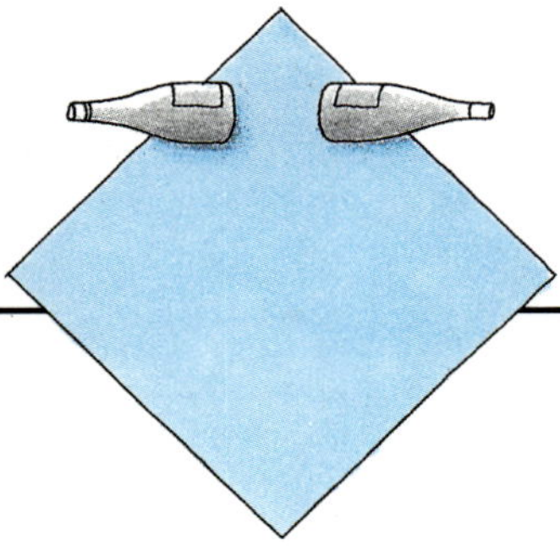

Zwei Flaschen mit den Böden einander gegenüber legen

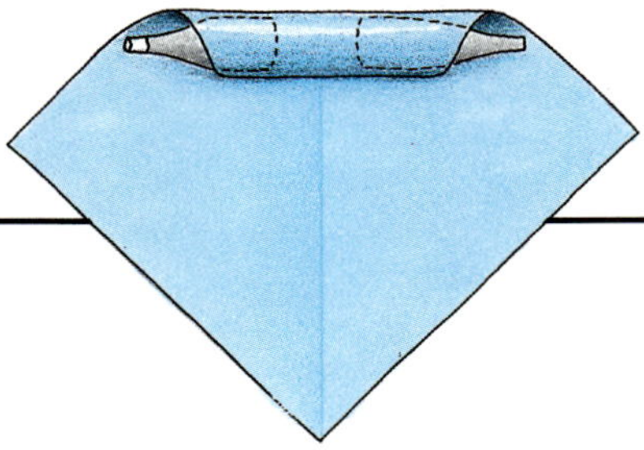

Im diagonal liegenden Bogen eindrehen. Die Ecke mit Klebeband fixieren

Es ist wichtig, daß zwischen den Flaschen zweimal der Flaschenboden Platz hat. Da das gleichmäßige Eindrehen der beiden Flaschen nicht ganz einfach ist, sollte Ihnen am Anfang jemand behilflich sein.

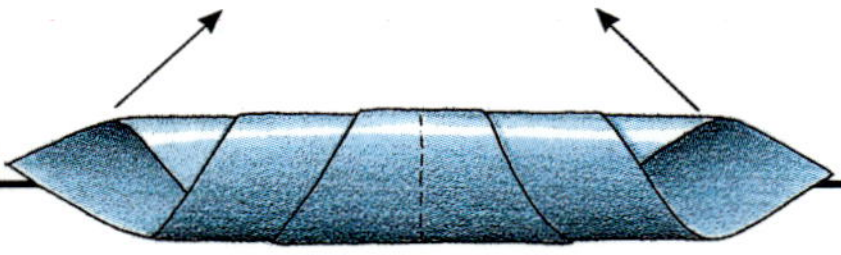

Die Papierspitzen über den Flaschenhälsen nicht einschlagen

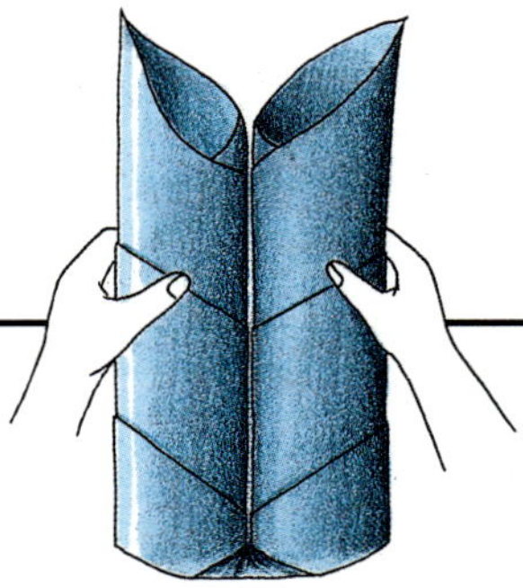

Die Flaschen gegeneinander in der Mitte hochklappen und aufrechtstellen

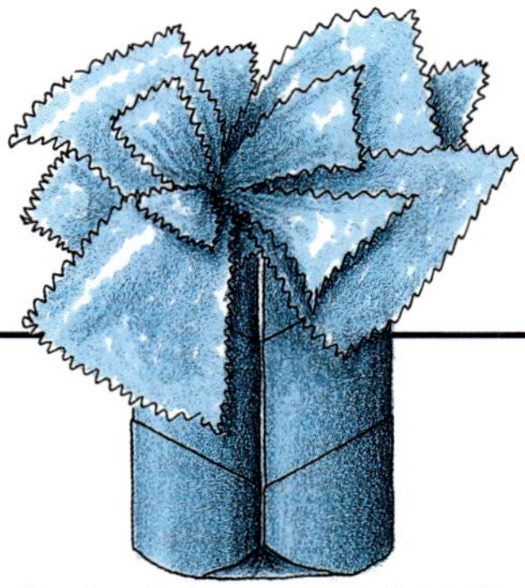

Die Flaschenhälse mit einer Schleife nach Wahl zusammenbinden

Hier werden strenge Formen durch lustiges Papier und phantasievolle Accessoires zu einem eigenwilligen Kunstwerk zusammengefügt. Viel zu schade zum Auspacken.

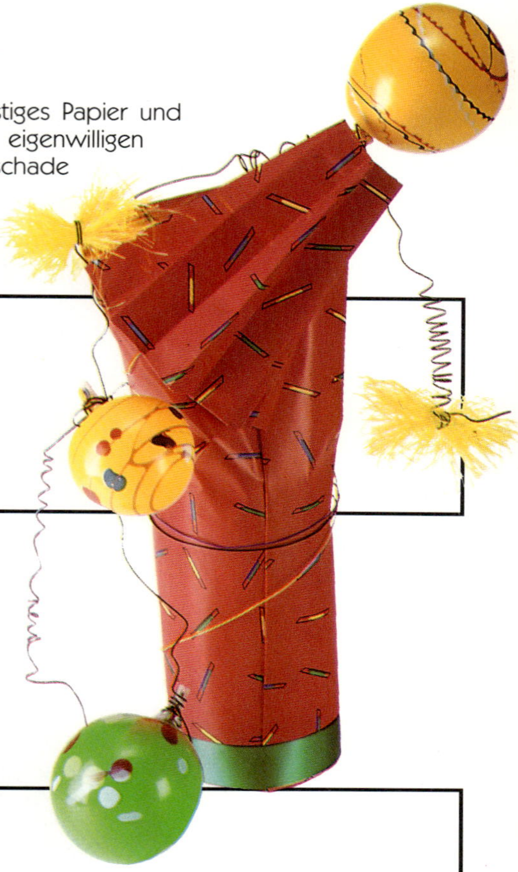

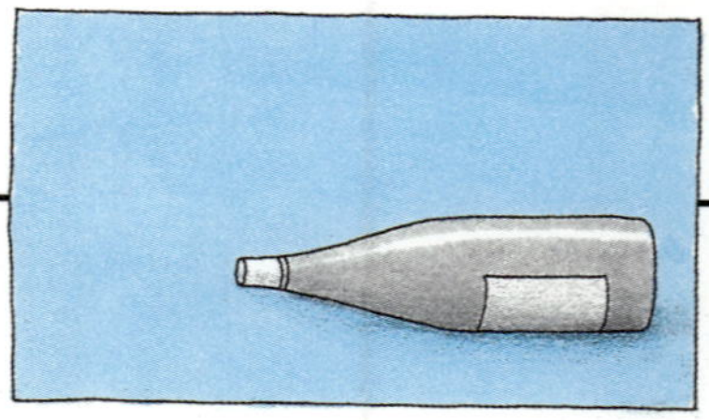

Einen großen Bogen Papier wählen, das Geschenk gerade auflegen

Das Geschenk einrollen. Das Papier mit Klebeband fixieren

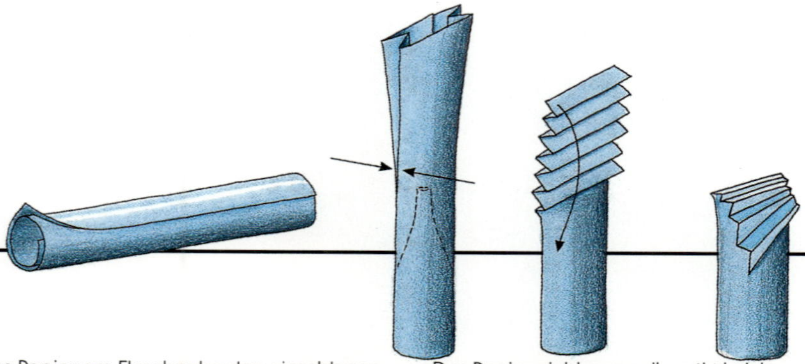

Das Papier am Flaschenboden einschlagen. Überstehendes Papier seitlich einknicken und flach falten

Das Papier ziehharmonikaartig knicken und falten. Ziehharmonikafalten einseitig zusammendrücken und an einer Seite verkleben

Das Geschenk abschließend mit Luftballons, Federn und geformtem, ummanteltem Draht schmücken

Jetzt ist der Objektkünstler gefragt. Einfache Faltungen werden durch asymmetrische Knicke und sorgfältig ausgewählte – farblich auf das Papier abgestimmte – Accessoires skurril und zu einem unverwechselbaren Blickfang.

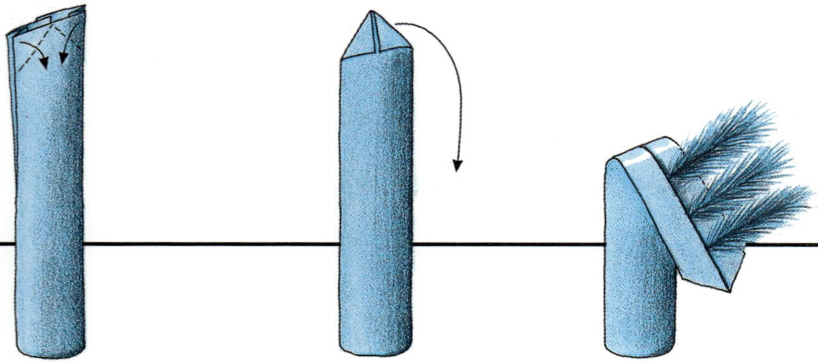

Die Flasche in einem Bogen einrollen. Das überstehende Papier zum Dreieck falten

Die Ecken festkleben, nach unten umschlagen. Den Falz mit Federn schmücken

Hemdenabend

In einem Hemd können viele Formen stekken, ob rund und dickbauchig oder flach und kantig. Hinter der dekorativen Spitzenbluse, dem poppigen Oberhemd, dem roten Smokinghemd und dem vornehmen Dinnerjackett verbergen sich weitgehend die gleichen Falttechniken. Accessoires und Papierauswahl geben hier den Ausschlag. So wirkt das kunstvoll gefaltete Smokinghemd erst durch die Jackenknöpfe mit aufgesprühtem Glimmer, die „Happy-Birthday-Bluse" erst durch die artfremde Tortenspitze. Manchmal ist auch eine Zeitung eine originelle Verpackung, so wie hier die „Prawda" oder die Tageszeitung, die von dem Firmenjubiläum berichtet, zu dem man eingeladen ist.

FLASCHEN IM HEMD

Man braucht kein großer Verpackungskünstler zu sein, um eine Flasche in wenigen Minuten anzuziehen. Wichtig ist jedoch, daß die einzelnen Faltungen exakt ausgeführt werden.

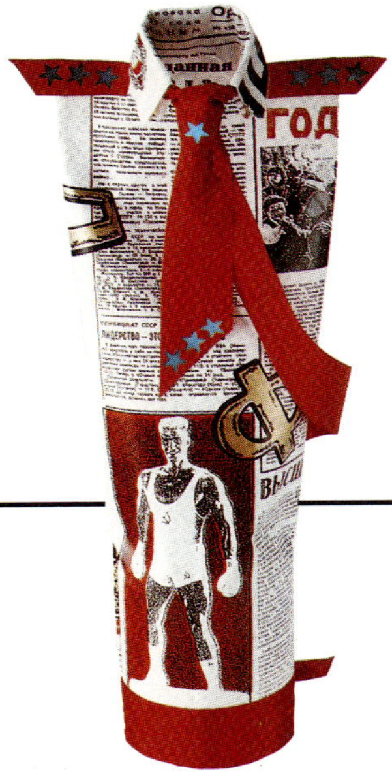

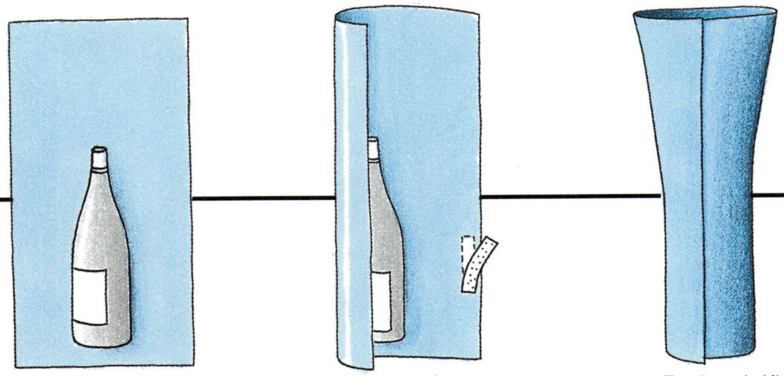

Die Flasche einschlagen und das Ende mit Klebeband fixieren

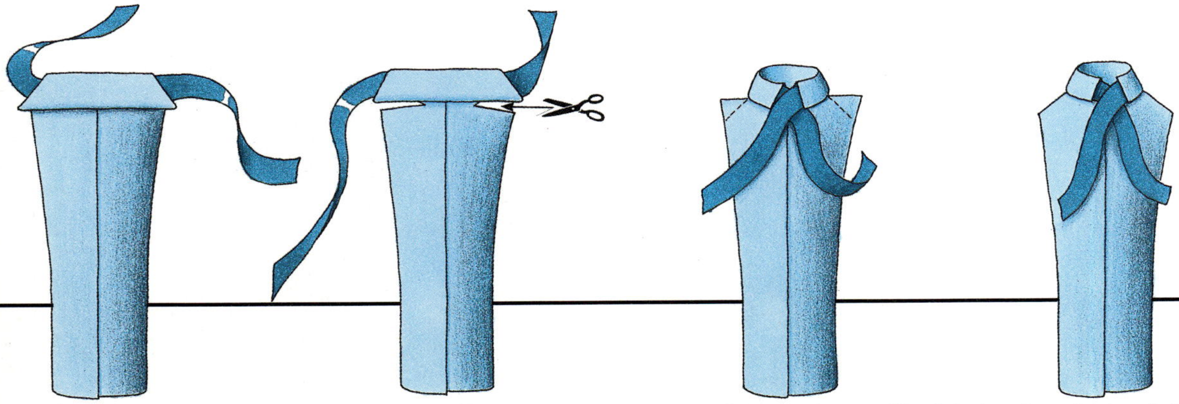

Das Papier wie einen Saum über dem Flaschenhals einschlagen. Ein zurechtgeschnittenes Band unterlegen und festkleben

Unterhalb des Einschlags beide Seiten zu je einem Drittel einschneiden. Die Enden oberhalb des Schnittes nach innen biegen

Die „Schultern" zweimal nach hinten einschlagen und fixieren. Mit den Enden des Bandes die Krawatte binden

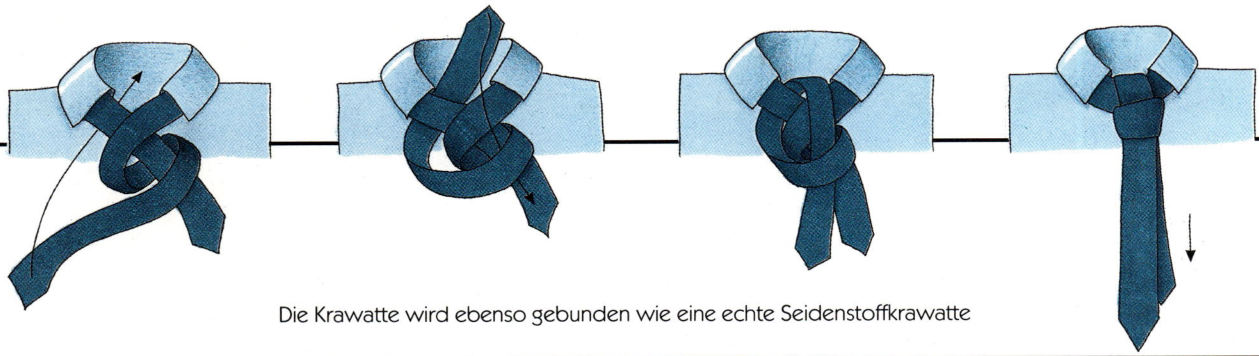

Die Krawatte wird ebenso gebunden wie eine echte Seidenstoffkrawatte

In manchen Hemden stecken auch einfach nur Flaschen!
Mit etwas Geschick und Phantasie lassen sich auch „flüssige Mitbringsel“ schnell durch Hemden verkleiden.
Die Auswahl des Papiers verrät die Fähigkeit des Schenkenden, den Anlaß der Einladung richtig umzusetzen.

Die in die „Prawda“ gekleidete Wodkaflasche zum russischen Abend ist ebenso treffend wie die mit Spitzen und Tüll umhüllte Champagnerflasche für die charmante Gastgeberin. Zusätzliche Kleinigkeiten mit Draht an der Flasche befestigen.

Geschenke im Smoking

Hemden lenken so manche Blicke auf sich. Dieses Verpackungsdesign eignet sich besonders zum Umhüllen von Buch-, Schallplatten- und textilen Mitbringseln, für alle Geschenke in einer flachen Schachtel. Es sollte jedoch darauf geachtet werden, daß die Schachtel nicht lang und schmal ist, da sonst ein Hemd für einen „Spargeltarzan" entsteht.

Das Aussehen der Smokingverpackung läßt sich sehr gut variieren. Die Wahl des Geschenkpapiers und die farbliche Zusammenstellung von Knöpfen, Fliege, Hosenträgern, Bauchbinde und anderen schmückenden Kleinigkeiten ermöglichen es, eine Verpackung, abgestimmt auf den Anlaß oder auf das Alter und den Charakter des Zubeschenkenden, anzufertigen.

Das Papier aus der Mitte heraus falten. Darauf achten, daß die Faltungen symmetrisch ausgeführt werden

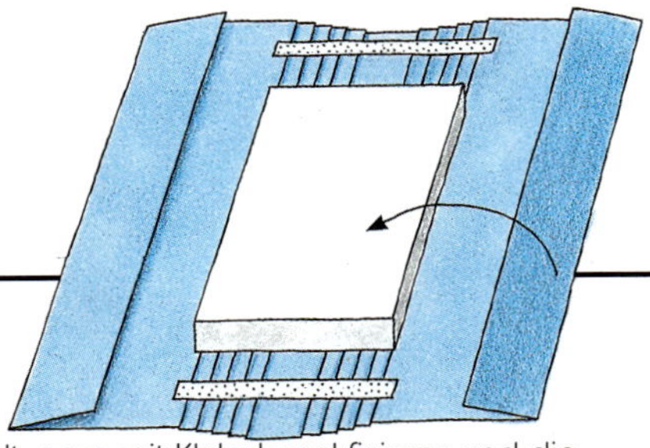

Die Faltungen mit Klebeband fixieren und die Seiten leicht einschlagen. Das Papier um das Geschenk schlagen

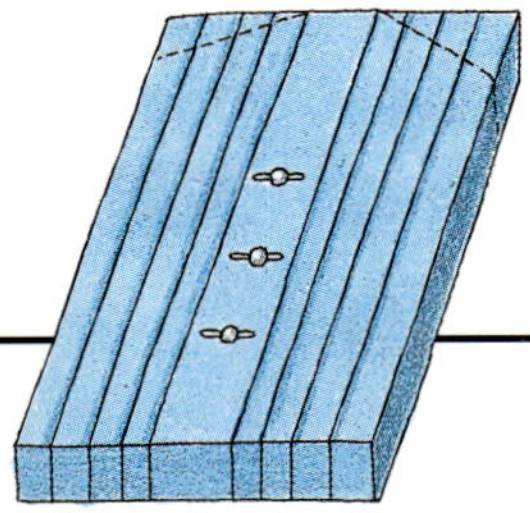

Die Ecken einschlagen und die Knöpfe oder Paketklammern in gleichmäßigem Abstand auf die Knopfleiste aufkleben

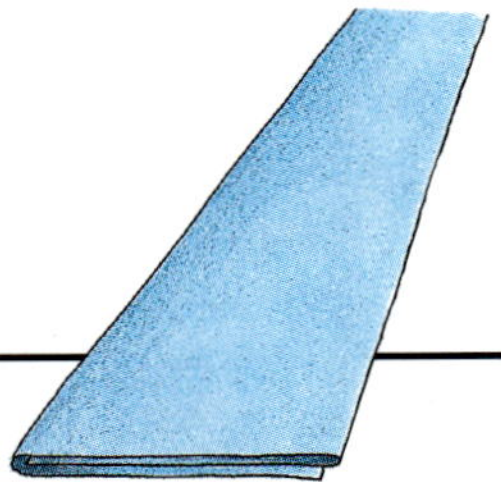

Von einem zweiten Bogen einen Streifen für den Kragen abschneiden. Den Streifen dreifach (wie einen Saum) falten

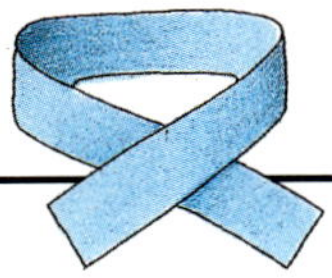

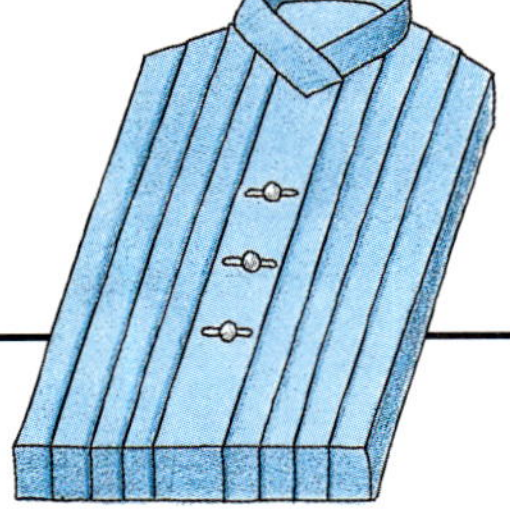

Den Streifen übereinanderlegen, mit der Schere die Kragenspitzen abschneiden. Den Kragen mit Klebeband fixieren

Der fortgeschrittene Verpackungskünstler wird über das weiße Hemd ein glitzerndes Dinnerjackett ziehen, gekonnt eine vornehme Fliege binden oder ein Einstecktuch falten. Das Ganze wird abgerundet durch die schönen alten Knöpfe aus dem Nähkästchen.
Damit die Faltungen gut gelingen, sollte Papier gewählt werden, das nicht zu dünn ist, sich aber dennoch gut kniffen läßt.

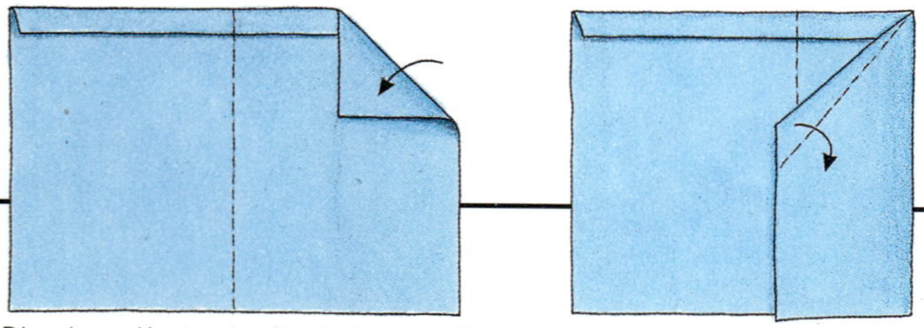

Die obere Kante des Papierbogens 3 cm um- und eine Ecke etwa bis zu 1/3 einschlagen. Das Revers nach außen falten, und das Vorderteil bis 2 cm über die Mittellinie schlagen

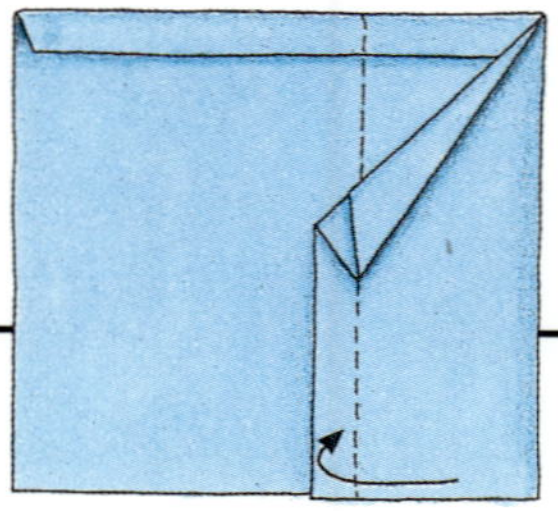

Nun die Schnittkante bis zur Mittellinie nach außen falten

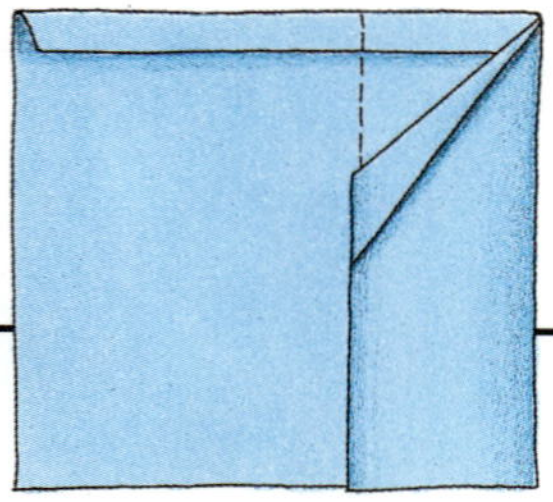

Das zweite Vorderteil mit Revers ebenso bearbeiten

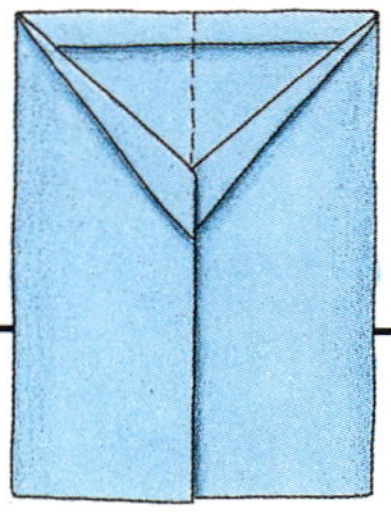

Die Jacke abschließend noch mit kleinen Knöpfen versehen

Accessoires

Das Einkaufen und Zusammenstellen der Accessoires verrät den Kenner der Deco-Art-Szene.
Nicht ohne erhebliche Mühe werden meist Glimmer, Sternchen, Flitter und Tinsel, gestanzte und geprägte Ornamente, Flower-Hair und Kupferdraht, Federn, Perlenketten, Pailletten und Folienkonfetti, Tortenspitzen und auch Biedermeiermanschetten aus dem Schreibwaren-, Bastel- und Dekorationsfachhandel zusammengetragen.
Die Vorratshaltung ist für den ausgefuchsten Verpackungsgestalter ebenso notwendig wie für einen Maler die reichhaltige Auswahl an Farbtönen.
Nicht selten entstehen die schönsten Verpackungen erst durch die Kombination einiger verschiedener – vielleicht sogar gegensätzlicher – Accessoires.

Schachtelkosmetik zu jedem Anlass

Ganz neue Kreationen lassen sich unter Verwendung von Tortenspitzen, Biedermeiermanschetten und Prägeartikeln wie Herzen, Kleeblättern oder Zahlen schaffen. So bekommt zum Beispiel die hier gezeigte silberne Schachtel mit jedem Accessoire ein neues Gesicht.
Geprägte rote Herzen sind Ausdruck ganz besonderer Gefühle, während geprägte Zahlen eher nüchterne Tatbestände offenlegen. Die Zahlen gibt es übrigens seit neuestem auch in fast allen Modefarben.

In der Kombination mit spiralförmig gedrehtem Blumendraht erscheinen Federn starr und stolz. Hingegen wirkt Flower-Hair meist lockig und sanft. Zur Befestigung an der glatten Kartonoberfläche eignet sich Sprühkleber, Blumendraht oder einfach nur eine farbige Schnur. Anregungen zu der Wahl der richtigen Accessoires bekommt man beim Durchstöbern der in den unterschiedlichsten Abteilungen der Kaufhäuser angebotenen Dekorationsartikel.

Ein geselliger Abend bei einem Junggesellen muß nicht mit farblosen Geschenken beginnen. Dezente, jedoch kräftige – im Kontrast stehende – Farben, kombiniert mit ein wenig Glanz und Glimmer, bestimmen das Erscheinungsbild.
Wie vielfältig die Variationsmöglichkeiten einer Verpackungsidee sind, wird nicht selten während des Einpackens entdeckt. Hier und dort ein zusätzlicher Kniff, das Papier etwas knautschen oder eine zusätzliche Feder oder Schleife, schon entsteht eine individuelle, einzigartige Schöpfung.
Nur Mut, auch eine nicht so geschickte Männerhand kann die hier vorgestellten Verpackungstechniken leicht nachvollziehen.

Jung- gesellenaben

KIRSCHBLÜTENFEST

Sanft eingefangener Duft des Frühlings im zarten Farbenhauch von Papier, Schleifen und Accessoires fordert die ganze Phantasie des Verpakkungskünstlers.

Auf einer dem Motto entsprechend gedeckten Frühlingstafel häufen sich in der Mitte die Mitbringsel. Zarte Tortenspitzen, Tüll und Flower-Hair fließen ineinander über. Keck in die Luft ragendes Grün bildet hierzu einen wirkungsvollen Kontrast. All diese blumigen Geschenke in Pastell bilden den Mittelpunkt des Kirschblütenfestes.

Der Frühling ist da

Den besonderen Reiz erhalten alle Verpackungen nicht nur durch die endlos scheinende Phantasie des Verpackenden, sondern auch durch die bewußte farbliche Abstimmung von Schachtel und Accessoires. Den Farben der Natur nachempfunden, präsentieren sich alle Geschenke in den Farben Weiß und Rosa sowie ihren Nuancen.

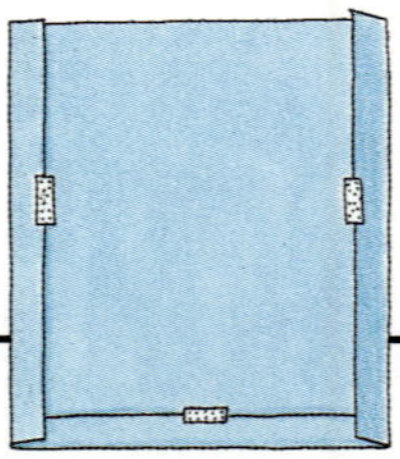

Den Bogen an drei Seiten umschlagen, bis sich das Verhältnis 4 zu 3 von Höhe zu Breite ergibt, Klebeband anbringen

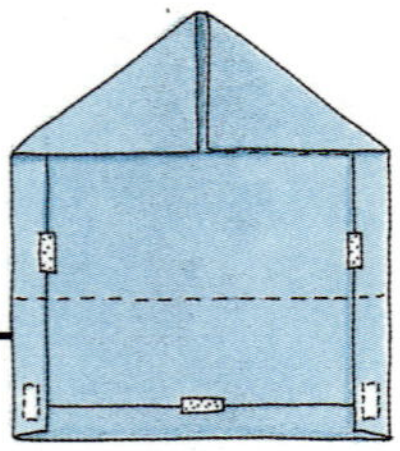

Den Bogen dritteln, im oberen Drittel die Ecken nach innen knicken, so daß ein Dreieck entsteht. Unteres Drittel nach oben knicken

Mit einer solchen Abendtasche kann man die Empfängerin doppelt überraschen – erst durch die Verpackung, dann durch den Inhalt. Wer möchte, kann die Tasche sogar für einen Theater- oder Ballabend benutzen.

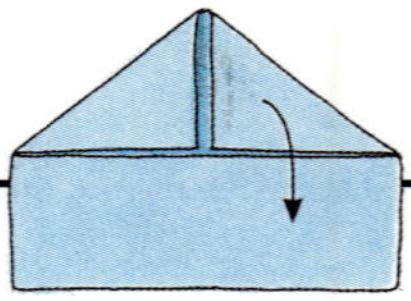

Das obere Dreieck nach unten klappen, so daß die Tasche ihr endgültiges Aussehen erhält

Die Spitze innen festkleben, eventuell mit einer kleinen Blume dekorieren oder eine Kordel durchziehen

WEIHNACHTEN

Kleiner Bär, was nun? Einfach dasitzen und die Schleife zur Schau tragen! Manchmal wirken Verpackungen erst durch's Weglassen. Nicht alles muß man einpacken, zukleben und schmücken. Ein oder zwei Accessoires reichen aus, um ein Geschenk festlich zu gestalten.
Auch scheinbar pures Zubehör, wie die goldenen Flügel, bekommen in der lockig-wallenden Umgebung des Flower-Hairs die Konturen von aufstrebenden Engeln.

Weihnachtliche Verpackungen

Bei diesen Weihnachtspaketen weiß man sofort, mit wieviel Zuneigung und Liebe an den Beschenkten gedacht wurde. Allein schon das Einkaufen der Accessoires kann zu einer festlichen Handlung werden. Geschenkpapiere vom Feinsten, Bänder in Spitzenqualitäten und eine Vielfalt von bunt geprägten Figuren wurden hier verwendet und überaus phantasievoll kombiniert.

Kleine Weihnachtskompositionen sind persönlicher und liebevoller als die bloße Anhäufung von kalten Faltkartonummantelungen.
Weihnachtsmänner drängeln sich übereinander am Draht empor. Ein mit Flower-Hair umsponnenes Paket bekommt goldene Flügel und scheint davonzufliegen.

Auch hier wieder die endlosen Gestaltungsmöglichkeiten mit Glimmer. Das sind schon keine reinen Verpackungen mehr, sondern Dekorationen und Verkleidungen. Die Kunstwerke wirken noch besser vor liebevoll drapierter Kulisse. Das Geschenk auf einem großen Glitzerstern überreicht oder ein Schachtelturm geschmackvoll zu einem Faltweihnachtsbaum aus Papier gestellt ist Weihnachten in Vollendung.

Fast dreidimensional erscheint das Weihnachtsglockengeschenkpapier nur durch das Bekleben der Ecken mit Glocken. Die Glocken wurden aus Pappe gefertigt.

OSTERN

Tisch- und Fensterdekorationen erfreuen sich immer größerer Beliebtheit. Aus den gleichen Grundmaterialien entstanden diese Verpackungen. Sicherlich werden so hübsch verpackte Mitbringsel nicht gleich ausgepackt. Als Raumdekoration verwendet, kann sich der Beschenkte die ganze Osterzeit an der kleinen Aufmerksamkeit erfreuen.

ÖSTERLICHE SCHLEIFEN,

Eng mit Ostern verbunden ist die Farbe Gelb. Deshalb wurde auch beim Osterkranz, obwohl aus vielen, vielen pastellfarbenen Schleifen gefertigt, überwiegend gelbes Schleifenband verwendet. Ein weißes, sanft eingehülltes Geschenk bekommt zarte gelbe Schleifen. Auch zart getupftes Band – zu einer Blume gebunden und mit Blättern dekoriert – weckt österliche Ambitionen.

Wer Lust hat, kann zwischen die kleinen Schleifen noch ein wenig Glimmer streuen.

Der Osterkranz und die „Tupfenblüte“ sind nicht nur schöne Geschenke, sondern gleichzeitig auch Raum- oder Tischdekorationen.

Accessoires und Federn

Die großvolumige grüne Schleife aus breitem Polyband ist fest verwachsen mit einem gelben Geschenk.

Österliche Accessoires sind oft schon an einem Ende mit Blumendraht fest verbunden, so daß man sie leicht am Geschenk befestigen kann.

Gerade Ostern lebt mit den Accessoires wie Küken, Hasen, Eiern, Nestern, Entchen und Federn. Es gibt sie mannigfaltig in allen Größen und in den verschiedensten Materialien.

Hochzeiten sind immer ein Anlaß, zu dem man ganz besonders gerne schenkt.
Weiß-schwarz sind die hier gewählten Farbkombinationen. Aber auch ein sanftes Grau ist erlaubt, natürlich immer mit reichlich Accessoires versehen.
Zarte Tüllspitzen umfangen die weißen Apfelblüten.
Minispiegel, am langen Drahtstiel in den Tüll gesteckt, ergeben ein ganz besonderes Glitzern. Ein Band, aus Perlenkette und Tüll geflochten, verziert einfache Verpakkungen raffiniert.
Die überdimensionale Fliege, die aus Geschenkpapier gefertigt wurde, schmückt ein an den Bräutigam gerichtetes Geschenk im Smokinghemd.
Hochzeitsgeschenke sind ein unerschöpfliches Thema. Sie werden nicht nur des Inhalts wegen überreicht, sondern sie sind auch Ausdruck der guten Wünsche für die Zukunft.

Hochzeitsglocken

läuten

Herzlichen Glückwunsch

Goldene und silberne Jubiläumszahlen in allen Größen sind beliebte Accessoires, ebenso goldene, aus Pappe geprägte Ringe.
Eine gute Kiste Zigarren muß nicht im Geschenkpapier überreicht werden, einfach mit goldenen Blättern beklebt, wirkt sie besonders effektvoll. Auch der gute Tropfen muß sich nicht hinter einem Bogen Geschenkpapier verkriechen. Die große Schleife, aus mehreren Schleifen unterschiedlichster Materialien zusammengesetzt, unterstreicht den Wert der Gabe.
Goldene Schleifen, kombiniert mit großen, geprägten, goldenen Blättern oder Federn ziehen die Blicke auf sich. Hier bewirkt das Accessoire, daß aus einem einfachen Jubiläumsgeschenk eine gelungene, stilvolle Huldigung des Anlasses wird.

Al-Capone
SCOTCH
25

Jung, dynamisch und eigenwillig. So präsentieren sich nicht nur Teens und Twens, sondern auch ihre Geschenke.
Ganz weg von der konventionellen Art, Geschenke in Papier und Schleife zu hüllen, werden hier Kunstwerke geschaffen. Glatt, glänzend, asymmetrisch, bunt und in alle Himmelsrichtungen ragend, werden Geschenke zu bizarren Plastiken. Sie sind der Ausdruck sehr eigenwilliger Auffassungen.
Blumendraht in allen Farben und Formen, spiralig, geschwungen, winklig und bunte Bleistifte umschlingend, windet sich um das Geschenk. Nicht rechteckig ist die Verpackung, sondern dreieckig, pyramidenförmig, ein Turm oder scheinbar völlig unförmig.

DECO ART FÜR TEENS UND TWENS

Mut zur Farbe

Jetzt wird es bunt und flippig. Alles ist erlaubt, was gefällt. Mit Papierschirmchen hat man bisher nur Eiskugeln dekoriert, Heftklammern sind nur für das Büro gedacht, und künstliche Blumen sah man bisher nur auf Tischen von Gaststätten. Hier bekommt alles eine neue Aufgabe. Einfarbiges, knalliges Papier in Rot, Gelb, Pink oder in anderen klaren Farben wird neu geformt.

Band wird nicht zum Zusammenhalten oder als Schleifenzier verwendet; mit Band wird gestaltet. In unterschiedlichsten Längen zurechtgeschnitten, wird es zu einem neuartigen Muster.

Das wichtigste Instrument, um diese Geschenkverpackungen zu gestalten, ist die Schere. Ihr Schnitt ergibt die Formen und bildet scharfkantige oder gezackte Abschlüsse.

Rouge et Noir

Klassische Farben neu gemischt. Diese Kombination muß man einfach probieren. Gezwirbeltes Band, Schlips und Fliege als Einheit, Bänderwirrwarr und roter Draht, für solche Verpackungen klingt jede Beschreibung banal, ist jede Anleitung überflüssig. Phantasie und Geschick, Erfahrung und Gefühl werden zu einer einmaligen Dekoration.

Rouge, rot, red sind unterschiedliche Vokabeln für jeweils ein und dieselbe Farbe, und damit auch Ausdruck für die Mannigfaltigkeit einer Geschenkverpackung, die durch phantasievollen und variantenreichen Einsatz roter und schwarzer Materialien der unterschiedlichsten Qualitäten und Verarbeitungseigenschaften ermöglicht wird.

Ein Sinnbild für sprudelndes Leben, für Farben, Formen und quirlige Unersättlichkeit ist New York.

Diese Lebensfreude versuchen bunt gemixte Geschenkverpackungen widerzuspiegeln. Neon, Glimmer, poppige Farben sind der Ausdruck spontaner Einfälle für die Dekoration moderner Geschenke. Glänzende Hochhausfassaden neben klassizistischen Fassaden sind keine Widersprüche, sondern lebensbejahendes Nebeneinander von Vergangenheit und Zukunft. Federn suggerieren Schwerelosigkeit und bilden den Kontrast zum Glanzpapier.

NEW YORK

NEW YORK

AMERICAN LIFE

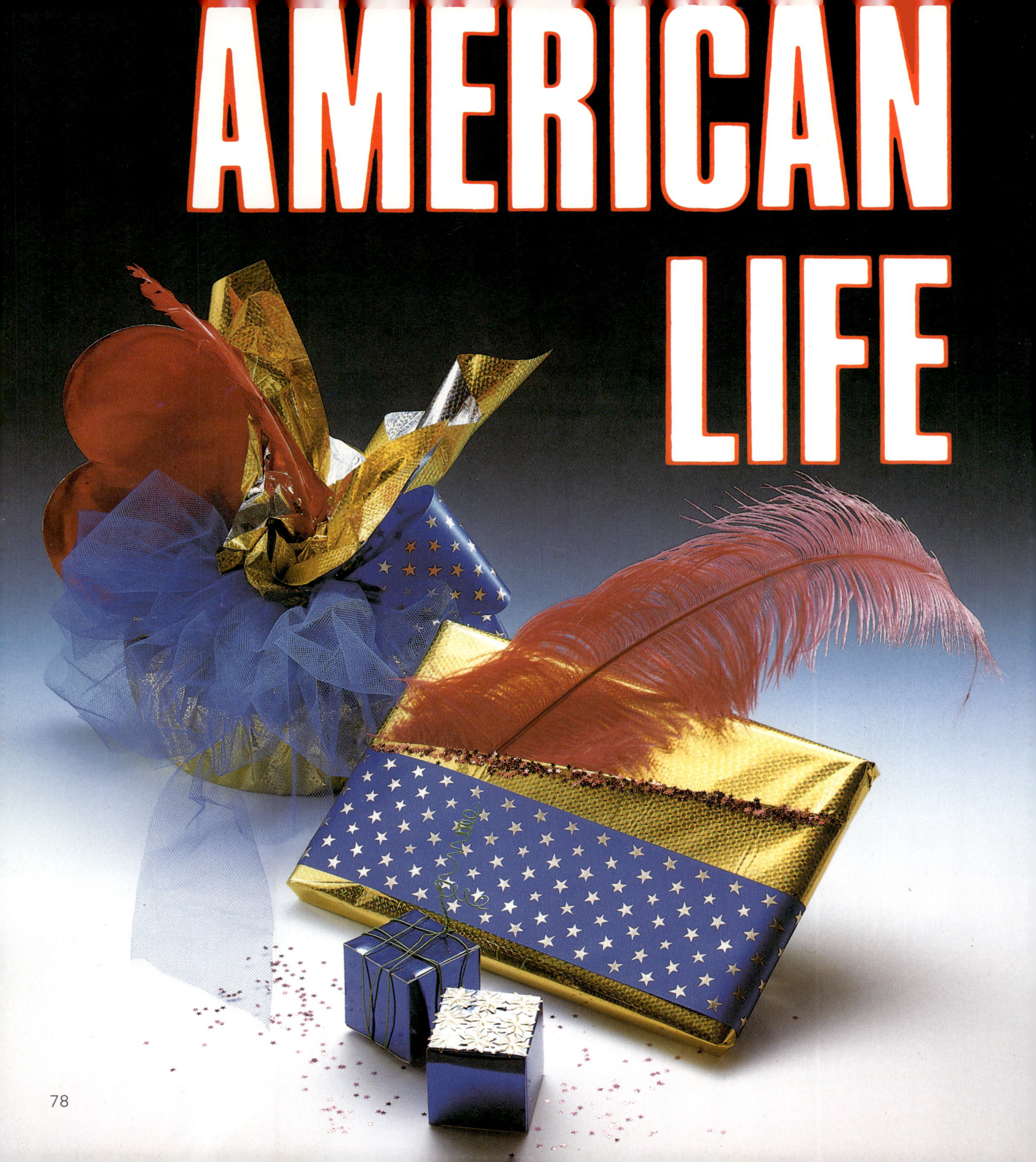

Glanz und Glimmer, Stars und Schimmer, Farben und Formen spiegeln das amerikanische Leben wider. Mut zum Extremen ist die Grundlage, um solche lustig-bizarren Geschenkverpackungen zu zaubern. Metallicpapier, Tüll, superbreites Band, Prägeartikel und Federn werden zu einem bunten Cocktail of American life.

Während die runde Pralinenschachtel ganz einfach in Geschenkpapier eingeschlagen, mit Tüll und sterneglitzerndem Schleifenband zusammengehalten und mit knalligen Accessoires dekoriert wird, ist die „Sioux-Verpackung" schon aufwendiger. Das in kunstvollen roten Faltungen verborgene Feuerwasser wird mit einem Schopf aus Pfau-Dekomoos und mit stolzen, tiefgrünen Federn geschmückt.

Es lebe der Kontrast von breitem Schleifenband, sich schlängelndem Blumendraht und strotzendem Tüll. Einfache, rechteckige Verpackungen wirken durch asymmetrische Faltungen, deren Linien durch Glimmer betont werden. Breites Schleifenband und eine riesige Feder bilden durch ihre Gegensätze in Farbe und Form optische Kontrastpunkte.

Bezugsquellen

Die Materialien für die vorgestellten Verpackungen, also Papier und Schleifenband, erhalten Sie in guten Papier-, Büro- und Schreibwarenfachgeschäften oder in Kauf- und Warenhäusern.
Die zahlreichen Accessoires bekommen Sie wahrscheinlich nur im Dekorationsfachhandel oder im Bastelfachgeschäft. Damit die Suche nach den Materialien zukünftig nicht zu aufwendig wird, werden ab 1. Oktober 1988 in verschiedenen Papier- und Schreibwarenfachgeschäften spezielle Regale stehen, die Sie am Schriftzug Deco Art erkennen. Hier bekommen Sie alle notwendigen Materialien und Accessoires aus einer Hand.
Sollten Sie in Ihrer Nähe kein Fachgeschäft finden, so wenden Sie sich einfach an die Firma:
Aurnhammer & Benedict
Obere Stadtmühlgasse 1
8832 Weißenburg
Tel.: 0 91 41 - 99 40 (Abteilung Verkauf)

Zum Thema Gestaltung sind bei FALKEN zahlreiche Bücher erschienen; fragen Sie Ihren Buchhändler!

CIP-Titelaufnahme der Deutschen Bibliothek

Niermann, Burglind:
Deco Art: Die Kunst, Geschenke zu verpacken/Burglind Niermann. –
Niedernhausen/Ts.: Falken-Verl., 1988
(Kunst und Hobby)
ISBN 3-8068-0949-6

ISBN 3 8068 0949 6

© 1988/1989 by Falken-Verlag GmbH,
6272 Niedernhausen/Ts.
Titelbild: Photo-Design-Studio
Gerhard Burock, Wiesbaden-Naurod
Fotos: Grauel und Uphoff, Hannover
Zeichnungen:
Ulrike Hoffmann, Bodenheim
Grafische Gestaltung:
Agnes Stockmann-Sauer/Annette Bienkowski, AS-Design-Offenbach

Die Ratschläge in diesem Buch sind von der Autorin und vom Verlag sorgfältig erwogen und geprüft, dennoch kann eine Garantie nicht übernommen werden. Eine Haftung der Autorin bzw. des Verlages und seiner Beauftragten für Personen-, Sach- und Vermögensschäden ist ausgeschlossen.
Satz: Fotosatz-Studio Creatype GmbH,
6236 Eschborn/Ts.
Druck: Karl Neef GmbH & Co., Wittingen

817 2635 44